超経験主義経済学

(4版)

村田 浩之著

目次	第0章	理論	4

第1章　実経済
§1　考察の対象とするマクロ経済モデル　9
§2　価値の存在と種類　10
§3　価値の分解　12
§4　リスク　16
§5　競争とマクロ経済　19
§6　労働市場(Y = GDP)　23
§7　商品市場(Y = 生産額)　26

第2章　資産から見た金融
§1　価値の分類　29
§2　信用システム　31
§3　信用システム上の投資関数　36
§4　信用創造とマクロ経済のタイプ　46
§5　人口と投資　48
§6　信用と雇用者所得　50

第3章　負債から見た金融
§1　間接金融の構造　53
§2　正規化構造上の貨幣流通速度　60
§3　正規化構造上の貨幣発行　63
§4　貨幣選好=0 のケース　66
§5　貨幣が価値を持つための条件　68

第4章　正規化構造上の商品と貨幣の価値
§1　相対量と絶対量　69
§2　相対量としての商品価値　72
§3　絶対量としての貨幣価値　75
§4　代用貨幣　79

第5章　労働市場データ検証
§1　検証仕様とデータ算出例(2010)　82
§2　1976-2010年の算出結果　83
§3　データ　87

第6章　19世紀データ検証
§1　データの作成方法　90
§2　1801-1901年 算出結果とデータ　91

第7章　金融市場データ検証
§1　検証仕様　93
§2　1976-2010年の算出結果　95
§3　データ　100

第8章　金融市場データ検証2
§1　検証仕様　101

§2　1976-2010年の算出結果　　　　　102
§3　データ　　　　　　　　　　　112
第9章　1923年ドイツの金融
§1　検証仕様と算出結果　　　　　115
§2　データ　　　　　　　　　　　119
第10章　1920-1936年 米国の金融
§1　検証項目とデータ仕様　　　　120
§2　算出結果　　　　　　　　　　121
§3　データ　　　　　　　　　　　126
第11章　貨幣の絶対価値と為替相場の比較
§1　検証仕様とデータの仕様　　　128
§2　US　　　　　　　　　　　　129
§3　GB　　　　　　　　　　　　136
§4　GE　　　　　　　　　　　　144
§5　FR　　　　　　　　　　　　152
§6　JP　　　　　　　　　　　　161
第12章　r_{AB} の安定性と相対量としての為替レートの検証
§1　検証仕様とデータの仕様　　　169
§2　US　　　　　　　　　　　　170
§3　FR　　　　　　　　　　　　176
§4　JP　　　　　　　　　　　　185
参考文献　　　　　　　　　　　　190

凡例
各章の論理構成　第0章 ── 第1章 ┬─ 第5章
　　　　　　　　　　　　　 │　 └─ 第6章
　　　　　　　　　　　　第2章 ──── 第7章
　　　　　　　　　　　　　 │
　　　　　　　　　　　　第3章 ┬── 第8章
　　　　　　　　　　　　　 │　├── 第9章
　　　　　　　　　　　　　 │　└── 第10章
　　　　　　　　　　　　第4章 ──── 第11章 ── 第12章

記号　=> : 例　A => B の意味「A ならば B」
　　　↔ : 例　A ↔ B の意味「A => B　かつ B => A」
　　　∀ : 例　∀x = a の意味「任意のxは、a である」
　　　∃ : 例　∃x = a の意味「aであるxが少なくとも一つ存在する」
　　　⊂ : 例　A⊂B　の意味「A は、Bに含まれる」
　　　∪ : 例　A = B∪C の意味「A は、BとCの集合である」
　　　■ : 証明の終了
　　　¬ : 例　¬A の意味　　A=”a=b”とすると、¬A=”a≠b”
　　　∧ : 例 A∧B の意味　「A かつ B」
　　　∨ : 例 A∨B の意味　「A あるいは B」

第0章　理論

［経済的価値の存在について］
　統計データにある経済価値、例えば、総生産、総消費は、実際の経済活動データを集積されて算出されたものである。それらは、人間の活動に由来する実在する価値である。
　一方、例えば、平均賃金は実際の賃金総額から算出されてはいるが、現実にその賃金をもらっている賃金労働者がいる訳ではないので実在しない価値といえる。
　このような作られた価値の中で、他の統計データと組み合わせて実在するデータを決定できる場合を考えてみる。
　実在する価値の組(a，b)から、実在しない価値 c を構成し、反対にその価値 c と 実在する価値 a の組から元の b を決定できるとすると、価値の組として、(a，b) と (a，c) は同等に存在するといえる。
　　この論理をマクロ経済に適用したのが、以下に説明する「超経験主義経済学」の基本的考えである。

超経験主義経済学(マクロ経済における)
　1　超経験主義的価値
　　マクロ経済の価値　Y(総生産)、　C(総消費)、R(基礎消費)及びそれらから論理的に生成される実在しないが、経済的に有意な価値Vがあり、例えば　(Y，V，R) から 元の C が確定できるとした場合、V は (Y，V，R) として、存在する価値とみなす。
　　このような価値Vを、超経験主義的価値と言うことにする。
　2　超経験主義的価値存在の根拠
　　(Y，C，R) から、V が、生成され、反対に、(Y，V，R) から元のC が生成される場合、(Y，C，R) と (Y，V，R) は、同じ実在するマクロ経済を決定していると考えることができる。即ち、(Y，V，R) は、実在するマクロ経済を意味し、それから得られた結果は、(Y，C，R) 同様に、その実在のマクロ経済に適用可能となる。
　3　マクロ経済探求の可能性の拡大
　　超経験主義的価値という新しい価値を利用することで、より多くの角度からマクロ経済を探求することができる。

［マクロ経済の内なる均衡価値成分について］
　消費関数　$C = \gamma \times Y + R$　と45度線　$C = Y$　の交点(C_0, C_0)（第1章　§1　図1-1、1-2）として算出される値 C_0 は、通常　$C<Y$ となるため、観測されないが、(Y, C_0, R) として、超経験主義的価値となることが証明される。したがって、C_0 と他の価値との間に成り立つ関係式は、実在するマクロ経済(Y, C, R)に適用できる。
　本書は、超経験主義経済学の方法を基礎に、この内なる均衡価値成分 C_0 について探求することが中心となる。
　C_0 を導入することにより、実在のマクロ経済、即ち、$C < Y$ として経験される場合においても、消費 ＝ 生産 となるような経済的構造が内部的に存在して、それが、消費 ＜ 生産 となる全体のマクロ経済的構造を経済的に意味のある関係によって規定していることが判明する。

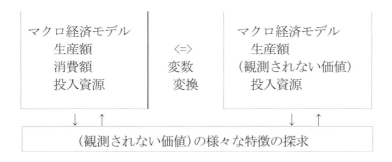

［経済モデルの概要］
基本：同一対象を複数の構造に分割して考察する。
　各構造は単一の変数により生成される価値体系、全体は各構造の和となる。
マクロ経済：2次元上の価値増減線形グラフとして表現する。これを同型変換により2つの独立変数による総価値の分割された構造によって考察する。
不均衡モデル：総価値を基準にして対象価値の増減を表した関係式で増減ベクトルが45度でないこと。
投入価値：不均衡モデルに投入されるモデル外に由来する価値。
リスク：　r:リスク、B:投入価値、A:総価値　とすると、
　Bのリスクを　$r = B/A$　とする。
不均衡係数：総リスク$(=\Sigma r)$の補数$(=1-\Sigma r)$。その他変数。
　不均衡モデルの価値増減ベクトルで、リスク総和に相反する。
乗数効果：総リスクの逆数、即ち

実装式　　（乗数効果)×（Σリスク) = 1　（リスク平坦化作用)
　　リスクを r1、r2、増加を否、減少を肯とすると、
　　論理式　　（乗数効果) = ￢r1 ∧ ￢r2 (= ￢(r1 ∨ r2))
　　となり、リスクr1とr2を回避する意味となる。
特殊化価値：投入価値がリスク平坦化により増幅された価値
　　単一のリスクにより生成される価値体系を構成する。
均衡成分：特殊化価値で45度線上にあるもの。リスク変動に対して
　　均衡を維持する。
説明）均衡成分としての市場は直接観測されない。
経済活動：不均衡による価値増幅活動
市場：経済活動の中で均衡を維持する機能
正規化：不均衡モデルの均衡成分への分割
双対モデル：対象価値を基準にして総価値増減を表した関係式
双対モデルの不均衡係数：リスク補数の比。その他変数。双対モ
　　デルの価値増減ベクトル。
　　実装式　　（双対不均衡係数) = (1-r1)/(1-r2)
　　　　　　　　　　　　　　　　(r1の補数とr2の補数の比)
　　論理式　　（双対不均衡係数) = ￢r1 ∧ r2
　　となり、否定は各リスクに対して相反に作用、一方のリスクには
　　肯定的、他方には否定的影響を受ける。
正規でない価値の例）
実経済：
・消費　　消費の否定は貯蓄でその一部は投資となり消費を生成す
　　る。その他は資産に留まる。
金融：
・貨幣量　　信用創造は、貨幣発行と資産によるものがある。資産価値
　　は、発行貨幣量に由来するがすべての資産が信用創造に回帰する
　　ことなはい。
以上、正規でない価値の場合、2重否定が複数の市場に分散し、元
の市場から見ると結果に不定を含み論理的に回帰しない特徴がある。
正規化モデルの例）
正規化モデルは、論理的に回帰する構造に分割することにより、
2重否定=不定を回避する。影響する他の市場との関係はモデル化
しないで、経験データとの比較によって検証する。
第1章　不均衡モデル C/Y、　投入価値　I、A、　リスク e、k
　　　　　不均衡係数　γ、　乗数効果　$1/(1-\gamma)$、　均衡成分　C_0
　　　　　相対モデル　Y/C　　双対不均衡係数　δ
第2章　不均衡モデル S_R/S、　投入価値　S_F、$C-C_0$、リスク u、v
　　　　　不均衡係数　ε、　乗数効果　$1/(1-\varepsilon)$、　均衡成分　S_0

　　　　相対モデル S/S_R　　双対不均衡係数　τ
第3章　不均衡モデル M/S、　投入価値 S_s、S_f、　リスク m_2、m_1
　　　　不均衡係数　ω、　乗数効果 $1/(1-\omega)$、　均衡成分 M_0
　　　　相対モデル S/M　　双対不均衡係数　χ
本書で扱う、「均衡成分」のリスト：
A) 最低消費額 C_0
　消費関数グラフにおいて、所得=消費の総額が最低消費額として、
　$C=Y$(45度線)上に存在する(第1章 図1-1、1-2)。
B) 最低信用額 S_0
　投資関数グラフにおいて、無資産者総所得(≒雇用者総所得)が、
　最低信用額として、$S_R=S$(45度線)上に存在する(第2章 図2-1、
　2-2)。
C) 最低貨幣量 M_0
　貨幣供給関数グラフにおいて、貨幣選好貨幣量が最低貨幣量とし
　て、$M=S$(45度線)上に存在する(第3章 図3-1、3-2)。
説明1)　均衡成分の具体的内容はそれぞれ検証する必要がある。
説明2)　第5章以降のデータ検証方針
計算結果の値の妥当性、或は実際のデータとの比較・相関による。
A) 計算結果の最低消費額/人口の金額が、首都圏における1個人の
　最低生活費に妥当するかをみる。
B) 計算結果の最低信用額と統計による雇用者所得のグラフの相関
　及び値の差が小であるかをみる。
C) 預金量と最低貨幣量、及び経済データ各種を比較検討する。

量と価値構造：
経済で扱う価値には、上限のある有形のものと上限の無い無形のもの
がある。上限のある有形のものは通常単位量があり、一方、上限の
無い無形のものも単位量で量られるが上限が無い以上固定的な単位
量はその価値構造において本質的でない。
例) 有形の価値：商品(重量、個数など)、労働(時間)
　　無形の価値：貨幣(通貨単位)、株式(単位株)
　　実際、重量、個数、時間は物理的に根拠を持ち、通貨単位、株式
　　単位は人為的に決定され、時々単位量の変更がなされる。
以上の2種の価値を扱うのに、相対量と絶対量の概念を導入して、
価値構造の特徴を考察する。以下、対象となる価値リスト。
1) 単位量付き相対量：労働、商品
2) 単位量に依存しない絶対量：貨幣
貨幣に関する2変数：
　　相対量：発行単位
　　絶対量：絶対価値(定義は、第4章参照)

説明)
　相対量としての貨幣価値： 単純労働の為替レートによる実物価値交換レートと関連、即ち競争に由来しない価値と関連する。
　絶対量としての貨幣価値： 金融に由来する価値、即ち競争に由来する価値と関連する。

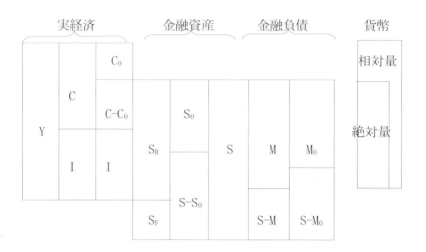

第1章　実経済

§1　考察の対象とするマクロ経済モデル
[市場]　商品市場、或いは労働市場とする。
Y：生産、C：消費、R：投入資源、或いは基礎消費　とする。
消費関数1　$C = s*Y$、　　消費関数2　$C = \gamma * Y + R$
生産関数　　$Y = \delta * C + R$
　　　商品市場：$\delta<1$、　労働市場：農業中心　$\delta<1$、　工業中心　$\delta>1$

図1-1　$\delta < 1$ の場合：

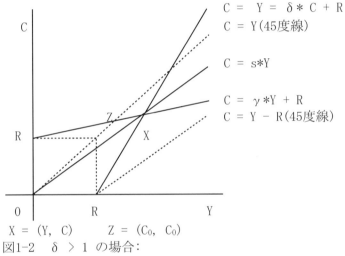

$X = (Y, C)$　　　$Z = (C_0, C_0)$

図1-2　$\delta > 1$ の場合：

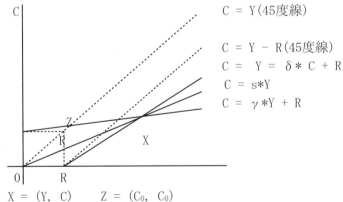

$X = (Y, C)$　　　$Z = (C_0, C_0)$

§2 価値の存在と種類

拡張された存在の概念と経済モデルを決定する価値の種類について

［マクロ経済を決定する価値］
　　総生産(Y)、総消費(C)、R(投入資源、基礎消費)　（§1 参照）

［価値の存在］
　　経済的意味のある価値V が、存在するとは、以下の条件を満たしたときのこととする。
　1)価値V は、マクロ経済を決定する価値から生成される価値である。
　2)価値Vとマクロ経済を決定する3つの価値の内の2つの価値から残りの価値を決定できる。
例)総生産(Y)、総消費(C)、R(投入資源、基礎消費)は、それぞれ「存在」するといえる。

［定義］
　　経験 ： 市場の直接の結果とする。
　　経験される価値: 市場で直接に決定される価値、或いはそれらの
　　　　　　　　　　合計額　（例：　商品価格、消費額、生産額)
　　非経験的な価値: 経験される価値以外の経済的に意味のある価値
　　　　　　　　　　（例：　平均賃金、基礎消費、最大生産額)
　　超経験主義的価値: 非経験的な価値で、「存在」する価値。

　　｛ Yの価値成分 ｝ ＝ ｛ 経験される価値 ｝ ∪ ｛ 非経験的な価値 ｝
　　｛ 非経験的な価値 ｝　⊃　｛ 超経験主義的価値 ｝

説明1)超経験主義的価値の存在に関して、残る問題はその経済的意味それ自体の存在である。例えば、賃金の最大値 W = GDP とした場合、確かにこれより大である賃金は無いと思われるが実際上存在するとは言えない。この問題は、それぞれの経済的意味固有の問題でその都度考察する必要がある。しかし、これは上記で定義した超経験主義的価値の存在とは独立の要件である。
説明2)
　　Y, C ： 経済統計の対象となる価値
　　　R ： 商品生産の投入資源。統計データの対象となる。
　　　A ： 労働市場の基礎消費。本来経済システムは、基礎消費を
　　　　　　上回る余剰価値の交換に由来する。現在、物は殆どの商

10

　　　　品として生産されるのでその価値には利益(付加価値の一
　　　　部として)が含まれる。そのため基礎消費分の切り分けは
　　　　できないが超経験主義的価値としては存在する。
　　　　第5章　§1 では、家計の消費支出から外部接触に関係
　　　　する項目を除いて算出している。
例) 価値の生成の例。
　・経済的に意味が無いが、マクロ経済を決定できる価値:
　　Y = GDP、　V = Y / 10
　　V は、GDP10%の分割成分であるが本書の範囲では意味がない。
　　但し、マクロ経済を決定できる。即ち、
　　Y から、V への変換式:　V = Y / 10、　及び
　　V から、Y への変換式:　Y = 10 × V　を使用すると、
　　　　　　(Y. C, R)　⇔　(Y', C, R)　　(Y' = Y/10)
　　という、1:1 変換が可能である。
　・経済的に意味があるが、マクロ経済を決定できない価値:
　　賃金総額 W ⊂ Y 、　n 雇用者数　とすると、W は、経験され
　　る価値で、平均賃金(w = W/n) は、非経験的な価値となる。
　　しかし、賃金総額Wのマクロ経済は、複数有り得るので、
　　(Y, C, R) の組は、Wしたがって、wでは決定できない。
　　ゆえに、Wの変換により生成した、平均賃金w は、(Y, C, R)に
　　ついての超経験主義的価値とはならない。

［定義］
　価値の市場への特殊化:
　　価値V が、特定の市場のみで決定される場合、その市場に特殊
　　化されているという。
　正規化マクロ経済:
　　任意のマクロ経済(V_0, V_1, V_2) が正規化されているとは、
　　各V_i が、実物市場或いは、金融市場(貨幣市場、債権市場)で特
　　殊化されている場合をいう。
例1)実物市場に特殊化された価値: 食料品などの物品、賃金
　　金融市場に特殊化された価値: 株式、債権、Y - C
　　特定市場に特殊化されていない価値: 総生産額、総消費額
例2) (Y, C, R) は、非正規である。C は、実物市場と貨幣市場に影
　　響される。

§3　価値の分解

価値を構成する要素の説明、45度線上の均衡価値成分(C_0）が、
超経験主義的価値であることの証明をおこなう。

［価値］　必ず消費される価値と消費されない可能性のある価値から
　　　　　　構成される。　即ち、
　　　価値 ＝ 必ず消費される価値 ＋ 消費されない可能性のある価値

［定義］
　　商品(=物の存在)
　　　　必ず消費される価値 ≡ 投入資源　とする。
　　　　消費されない可能性のある価値 ≡ 商品の付加価値　とする。
　　　　　　　商品 ＝ 　投入資源 ＋ 付加価値
　　労働(=人間の存在)
　　　　必ず消費される価値 ≡ 基礎消費(最低生活費)　とする。
　　　　消費されない可能性のある価値 ≡ 労働の付加価値　とする。
　　　　　　　労働価値 ＝ 　基礎消費 ＋ 労働の付加価値
説明)
　・消費という観点から価値を分割する。必ず消費される価値とは、
　　生産段階で消費される価値を消費段階から見た場合の価値成分
　　である。したがって、既に消費され消滅した価値と見なせる。
　　消費されない可能性のある価値は、直接消費の対象となる価値
　　である。
　・生産物或いは労働の真の価値(=消費の対象、或いは有効な労働)
　　は、これから消費される価値で構成され(付加価値)、生産で
　　投入された価値(投入資源、或いは最低生活費)は含まない。
　・個々の労働の最低生活費はそれ自体のものであるが、マクロ経
　　済の生産総額においては社会全体の最低生活費総額となる。
　　即ち、雇用者以外の最低生活費総額も含む。
例)・原油の値上がりを原因とするガソリンの値上がり:ガソリンの
　　　付加価値は変わらないので消費は減少する。
　　・特定職業の賃金減少:最低生活費は変わらないのでその職種の
　　　労働の付加価値減少を意味する。

Y=生産額、C=消費額、R=(投入資源、基礎消費)　とする。
消費関数2：　$C = \gamma \times Y + R$
以下、本書で使用する非経験的価値を導入する。

［定義］　限界消費傾向：　$\gamma = (C - R)/Y$
説明）生産額に対する消費額の中の付加価値の割合

命題1　$Y = C$　⇔　$C = R/(1 - \gamma)$
証明）
　=>：　$Y = C$　ならば、　$C = \gamma \times Y + R = \gamma \times C + R$
　　　　　故に、　　　　　　$C = R/(1 - \gamma)$
　<=：　$C = R/(1 - \gamma)$　ならば、　$1 - \gamma = R/C$
　　　　　故に、　　　　　$\gamma = 1 - R/C = (C - R)/C$
　　　　　定義により、　$\gamma = (C - R)/Y$　　したがって、　$Y = C$　■
説明）消費関数2と(Y,　C)の45度線との交点の条件（図1-1、1-2）

命題2　　$C \geqq R/(1 - \gamma)$
証明）
　$Y > C$　の場合：　$C < R/(1 - \gamma)$　と仮定する。
　　$1 - \gamma < R/C$　となり、故に、　$\gamma > (C - R)/C$
　　一方、　$C = \gamma \times Y + R$　から、$(C - R)/Y = \gamma > (C - R)/C$
　　故に、　　　　$C > Y$　となって、矛盾する。
　$Y = C$　の場合：　命題1より明らか　■

［定義］　最低消費額：　$C_0 = R/(1 - \gamma)$
　説明）通常、$C < Y$　であるので、命題1より、$Y = C$　のケースで
　　　ある、C_0　は、通常発生しないという意味で、非経験的価値
　　　となり、R　に対する　乗数効果　$1/(1 - \gamma)$となる。

命題3　　$1/(1 - \gamma) = C_0/R$
証明）
　　　　C_0　の定義より、明らか　■
　説明）γ　の乗数効果　$1/(1 - \gamma)$　は、非経験的価値（C_0、R）に
　　　　より決定される。

［定義］　生活水準：　$\alpha = (C - R)/C$
　　　　　　最低生活水準：　$\alpha_0 = (C_0 - R)/C_0$（所得=消費の水準）
説明）消費額の中に占める付加価値の割合を生活水準とする。
　普及品の付加価値の割合は低く、高級品の付加価値の割合は高い。
　$1 - \alpha$　は、エンゲル係数（=食費/消費額）の一般化となる。
　例）生活水準向上の例
　C_0関係：生活必需品の機能細分化
　　　　　　　　水洗トイレ普及によるトイレットペーパーの普及

C–C_0 関係： 主食のブランド化、高学歴化

命題4　$\alpha_0 = \gamma$　$(= \triangle C / \triangle Y)$
証明)
　　$\alpha_0 = (C_0 - R)/C_0$ に、　$C_0 = R/(1 - \gamma)$　を代入すると、
　　$\alpha_0 = 1 - R/C_0 = 1 - R \times (1 - \gamma)/R = \gamma$　　■
説明)
・限界消費傾向（γ）は、最低生活水準（α_0）に他ならない。故に消費額Cと最低消費額C_0は、γにより相互に規定される。
・γは、非経験的価値である最低消費額とその付加価値成分比に等しい。即ち、γは、R=一定のときは、C_0 により決定される。
・最後の購入者は消費額が最も低い者、あるは生産側からみると最も安く買う消費者は、消費額が最も低い者となる。

命題5　$\alpha = \alpha_0/s = \gamma/s$　$(C = s \times Y)$
証明)
　定義により、　$\alpha/\alpha_0 = (C - R)/C/\gamma$
　　　　　　　　　　$= (C - R)/C \times Y/(C - R) = Y/C = 1/s$　■
説明）生活水準 $(C - R)/C$ を、消費額 C の効用とすると、限界消費傾向γを媒介にして　消費額Cと最低消費額C_0 が以下のようにして関係づけられる。
即ち、消費額C は、C_0 の効用であるγにより決定される。逆に消費額CからC_0の効用であるγが決定される。或いは、C_0 の生成条件である、Y = C(所得=消費)の生活水準α_0 が、消費額Cを決定する。反対に、消費額Cから Y = C(所得=消費)の生活水準(=α_0)が決定される。
　Y = C（所得=消費）の生活水準α_0 の経済的性格は、マクロ経済モデル上では集積結果のため実感されないが、ミクロ的には可能である。（第5章で検証される）

命題6　C_0 は、(Y, C, C_0)、或いは (Y, C_0, R) として、
　　　　　超経験主義的価値である。
証明)
　相互に変換可能であることを示す。
・$(Y、C、C_0) \Rightarrow (Y, C, R)$：　$(Y, C、C_0)$ から、Rを算出
　命題4より、　$\gamma = \alpha_0 = (C_0 - R)/C_0$
　　これを、　　　$C = \gamma \times Y + R$ に代入すると
　　　　　　　　$R = (Y - C)/(Y - C_0) \times C_0$

したがって、Rが決定される。

・$(Y, C_0, R) \Rightarrow (Y, C, R)$： (Y, C_0, R) から、Cを算出

定義　$C_0 = R/(1-\gamma)$ より、$\gamma = 1-R/C_0$ となり、γ を得る。
したがって、 $C = \gamma \times Y + R$ が決定される。

・$(Y, C, R) \Rightarrow (Y, C, C_0), (Y, C_0, R)$：

(Y, C, R) から、C_0 の算出は定義により、明らか。■

系7 労働市場(Y=GDP) において、A=(基礎消費)は、(Y, C, A)
　　　或いは、(Y, C_0, A) として超経験主義的価値である。

証明)
　　命題6の証明から明らか。■

説明1)　§1 図1-1、図1-2参照

(C_0, R) により、γ が決定され、(Y, C) は、消費関数1
$(C = s*Y)$ 上にあるので、(C_0, R, t) により、(Y, C) が決定される。

説明2)命題6は、超経験主義的価値C_0 の存在証明となる。これが、
　　競争に由来しない価値であることは、§5 で証明される。

例1)$(Y, C, R) \Leftrightarrow (Y, C_0, R)$

$\Rightarrow$： $Y = 100$、$C = 50$、 $R = 10$ とすると、

$$\gamma = (C - R)/Y = 40/100 = 0.4$$

故に、 $C_0 = R/(1 - \gamma) = 10/0.6 = 16.7$ が得られる。

$\Leftarrow$： $Y = 100$、$C_0 = 16.7$、 $R = 10$ とすると、

$$\gamma = 1 - R/C_0 = 1 - 0.6 = 0.4$$

故に、 $C = \gamma \times Y + R = 0.4 \times 100 + 10 = 50$ が得られる。

例2)$(Y, C, R) \Leftrightarrow (Y, C, C_0)$

$\Rightarrow$： $Y = 100$, $C = 50$, $R = 10$ とすると、

$$\gamma = (C - R)/Y = 40/100 = 0.4$$

故に、 $C_0 = R/(1 - \gamma) = 10/0.6 = 16.7$ が得られる。

$\Leftarrow$： $Y = 100$、 $C = 50$、$C_0 = 16.7$ とすると、

$R = (Y - C)/(Y - C_0) \times C_0$

　$= (100 - 50)/(100 - 16.7) \times 16.7$

　$= 50/83.3 \times 16.7 = 10$ が得られる。

§4 リスク

最低消費額(C_0）に関係する基本的な概念の説明をおこなう。

[定義] リスク： 価値が変動する可能性
　　　　　　資源リスク： $k = R/Y$
　　　　　　生産リスク： $e = (Y － C)/Y$
説明)資源リスク ＝ 付加価値を生産するために使用された資源の
　　　　　　　　　生産物に対する割合
　　　生産リスク ＝ 生産された付加価値の内、消費されない価値
　　　　　　　　　の生産物に対する割合(労働市場：貯蓄率)
例)商品　資源リスクが高い、即ち、原材料比率が高いと、全体
　　　　　の価値は原材料の価格の変動を受けやすくなる。
　　　　　在庫或いは投資が多くなると生産リスクが増加する。
　　労働　資源リスクが高い、即ち、基礎消費一定で生産額が低
　　　　　いと付加価値率は低くなり、賃金の変動幅は少なくな
　　　　　り、経済は停滞する。
　　　　　貯蓄が増加すると生産が金利の影響をより多く受ける。
　　最低消費額 C_0　$e=0$ かつ $k=1$(最大)の場合の消費額となる。

命題8　　　$e + k = 1 － \gamma$
証明)
　　$1 － \gamma = 1 － (C － R)/Y = (Y － C + R)/Y$
　　　　　$= (Y － C)/Y + R/Y = e + k$　■

命題9　$C/C_0 = s×(e/k + 1)$ $(C = s×Y)$
証明)
　　　定義により、　$C_0 = R/(1-\gamma)$、$\gamma = (C － R)/Y$
　　　故に、　　　　$C/C_0 = C/R×(1-\gamma)$
　　　　$= C/R×(Y － C + R)/Y = C/Y×((Y － C)/R + 1)$
　　　　$= s×((Y － C)/Y×Y/R + 1) = s×(e/k + 1)$　■
説明) e と k は相反の関係にあるため、C/C_0 に対しては、変化
　率が少ない消費傾向s の値よりも、増減の大きい e/k がより大
　きく影響する。即ち、e が増大すれば、kが減少して、C/C_0 が
　より大きく増大する。(s: 減少)
　e が減少すればkが増大し、C/C_0 がより大きく減少する(s:増大)

[定義]　生産関数： $Y = \delta ×C + R$　(消費関数の相対モデル)
　　　　生産力： $\delta = (Y － R)/C$

16

説明) δ : C の消費から生成される付加価値 Y-R と C との比

即ち、C を消費しどれだけ付加価値(Y-R)が生成されるかを表す。

$\delta < 1$ ： 投入資源も消費されることを意味する。

$\delta > 1$ ： 付加価値が全部は消費されないことを意味する。

命題10　$\delta = 1$ のとき、　$Y = C$　$\Leftrightarrow$　$R = 0$

証明)

　　δ の定義により、 $\delta = 1$ のとき、$Y = C + R$ 故に、明らか■

説明) $\delta = 1$ と $Y = C$ は、両立しない条件である。

命題11　$Y = C$　$\Rightarrow$　$\delta < 1$

証明)

　　　定義により、$\delta = (Y - R)/C = 1 - R/C < 1$　　■

命題12　$\delta = (1 - k)/(1 - e)$

証明)

　　$1 = \delta \times C/Y + R/Y = \delta \times (1 - (Y-C)/Y) + R/Y = \delta \times (1-e)+k$

　　より、明らか　　■

命題13　(1)　$\delta = 1$ $(Y - R = C)$　$\Leftrightarrow$　$e = k$

　　　　(2)　$\delta < 1$ $(Y - R < C)$　$\Leftrightarrow$　$e < k$　$\Leftrightarrow$　$Y < 2 \times C_0$

　　　　(3)　$\delta > 1$ $(Y - R > C)$　$\Leftrightarrow$　$e > k$　$\Leftrightarrow$　$Y > 2 \times C_0$

証明)

　　$(Y - C)/R = (Y - C)/Y \times Y/R = e/k$

　　$2 \times C_0/Y = 2 \times R/(1 - \gamma)/Y = 2 \times k/(e + k)$

　　より、(1)、(2)、(3) とも明らか　　　■

系14　(1)　$\delta = 1$　$\Leftrightarrow$　$C / C_0 = 2 \times s$

　　　(2)　$\delta < 1$　$\Leftrightarrow$　$C / C_0 < 2 \times s$

　　　(3)　$\delta > 1$　$\Leftrightarrow$　$C / C_0 > 2 \times s$

証明)

　　(1)命題13 より、$\delta = 1$　$\Leftrightarrow$　$e = k$

　　(2)命題13 より、$\delta < 1$　$\Leftrightarrow$　$e < k$

　　(3)命題13 より、$\delta > 1$　$\Leftrightarrow$　$e > k$

　　故に、命題9より、　明らか■

説明)　§1 図1-1、図1-2参照

　　商品市場　$\delta < 1$　　（在庫+投資額の割合 ＜ 資源リスク）

　　労働市場　$\delta > 1$　　（貯蓄率 ＞ 資源リスク）

　　商品市場：$\delta < 1$　　付加価値が低い商品は市況に多く影響される。

　　労働市場：$\delta < 1$　　労働の付加価値が低い状態で、現在では無い

　　　　　　　　が、資本主義開始前後の労働が該当する。

命題15　$\delta < 1$ とすると、$Y \leqq R/(1 - \delta)$
証明)
　　$(Y - R)/Y \leqq (Y - R)/C = \delta$　より、$Y \leqq R/(1 - \delta)$　■
説明)　§1の図1-1を参照。

［定義］最大生産額 Y_{max}：$R/(1 - \delta)$（$\delta < 1$）（非経験的価値）
説明)　$\delta < 1$ のとき、45度線上にある。

命題16（$\delta < 1$）　$Y = Y_{max} \Rightarrow C = Y$　（$C < Y \Rightarrow Y < Y_0$）
証明)
　　定義により、$Y = Y_{max} = R/(1 - \delta)$
　　故に、　$\delta = (Y - R)/Y = (Y - R)/C$　即ち、$C = Y$　　■

命題17　$\delta \geqq (C - R)/C$
証明)
　　　δ　の定義と　$C \leqq Y$　より、明らか■

命題18　$C < Y$ とすると、
　　　　最低生活水準（$\alpha_0 = \gamma$）＜　生活水準（α）＜　生産力（δ）
証明)
　　それぞれの定義より明らか　■

命題19　$1 - \alpha = k/(1 - e)$
証明)
　　$1 - \alpha = 1 - (C-R)/C = R/C = (R/Y) / (C/Y) = k/(1 - e)$　■
説明)　$1 - \alpha$　について、
　　商品市場：商品の付加価値が増加する、或いは在庫率が低下す
　　　　　　　ると減少する。商品の付加価値が低下、或いは在庫
　　　　　　　率が増加すると増加する。
　　労働市場：労働の付加価値が増加する、或いは貯蓄率が低下す
　　　　　　　ると減少する。

§5 競争とマクロ経済

競争が(短期)マクロ経済にどのように反映されるか考察する。

命題20 (Yの分割) $Y - C_0 = e/(e + k) \times Y$
$$C_0 = k/(e + k) \times Y$$

証明)
定義により、 $C_0 = R/(1-\gamma)$、 命題8より、 $1-\gamma = e + k$
故に、 $Y - C_0 = Y - R/(1-\gamma)$
$$= (Y - \gamma \times Y - R)/(1-\gamma) = (Y - C)/(e + k)$$
$$= (Y - C)/Y/(e + k) \times Y = e/(e + k) \times Y$$
定義より、 $C_0 = R/(1-\gamma) = R/Y/(1-\gamma) \times Y = k/(e + k) \times Y$ ∎

系21 $(Y - C_0) : C_0 = e : k$

命題22 (C-R の分割) $C - C_0 = e/(e + k) \times (C - R)$
$$C_0 - R = k/(e + k) \times (C - R)$$

証明)
命題8より、 $1-\gamma = e + k$、 定義により、 $Y - C = e \times Y$
故に、$C - C_0 = C - R/(1-\gamma)$
$= (C - \gamma \times C - R)/(1-\gamma) = \gamma \times (Y-C)/(1-\gamma)$
$= \gamma \times e \times Y/(1-\gamma) = e \times (C-R)/(1-\gamma) = e/(e + k) \times (C-R)$
定義により、 $R = k \times Y$
故に、 $C_0 - R = R/(1-\gamma) - R = \gamma \times R/(1-\gamma)$
$$= \gamma \times k \times Y/(1-\gamma) = k \times \gamma \times Y/(1-\gamma)$$
$$= k \times (C - R)/(1-\gamma) = k/(e+k) \times (C - R)$$ ∎

説明) $R = A$ でも同様。

系23 $(C - C_0) : (C_0 - R) = e : k$

説明1) $C - C_0 = (C - R)$ の生産リスクにより決定される成分
$C_0 - R = (C - R)$ の資源リスクにより決定される成分

説明2) $Y = C + I$ とすると、 $C = \gamma \times Y + R = Y - I$ から、
$Y = I/(1-\gamma) + R/(1-\gamma)$
$= (I の乗数効果) + (R の乗数効果) = (Y - C_0) + C_0$
故に、 $C - C_0 = \gamma \times (I の乗数効果) \subset Y - C_0 (I の乗数効果)$
$C_0 - R = (R の乗数効果) - R \subset C_0 (R の乗数効果)$
したがって、
$C - C_0 = (消費されない付加価値)から決定される付加価値成分$
$C_0 - R = (必ず消費される価値)から決定される付加価値成分$

［商品市場］

$(C - C_0) : (C_0 - R) = e : k =$ （投資割合）:（投入資源の割合）により、利益 $C - R$ が分割される。

全ての企業が同一の商品を生産すると仮定すると、投入資源の割合は、それぞれの生産規模に比例する。それに対して、投資の割合は、各企業ごとに異なる。

同一の商品でなく、全ての商品を対象にしても、問題を商品ごとに分割して考えると同一のことがいえる。

したがって、利益 $C - R$ の内、$C - C_0$ は、投資により決定される。その分配は、各企業の投資額に影響され、1単位の利益に対する投資額は各企業で異なる。

$C_0 - R$ は、投入資源の規模で決定され、商品単位において同一の商品であれば企業間の差異はない。

［労働市場］

$Y = $ 総所得額、$A = $ 基礎消費

（消費されない付加価値）$= $ 貯蓄額

リスク $e = (Y - C)/Y$ は、貯蓄率となる。したがって、

$(C - C_0) : (C_0 - A) = e : k = $ （貯蓄率）:（基礎消費の割合）により、消費される付加価値 $C - A$ が分割される。

基礎消費は、各賃金労働者共通であるので、$C_0 - A$ の各賃金労働者への分配は、均等となる。

貯蓄率は、賃金が増加すると増加する関係にあるので、賃金の差の影響を受ける。ゆえに、$C - C_0$ の各賃金労働者への分配は賃金差の影響を受ける。

以上より、競争による生産 $= Y - C_0$　　それ以外の生産 $= C_0$

競争による利益 $= C - C_0$　　それ以外の利益 $= C_0 - R$、$C_0 - A$

説明）$I = Y - C$　とする。

・$\delta < 1 (Y - C < R)$ とすると、$k > e$ より、$R/Y > (Y - C)/Y$

故に、　$R/(1 - \gamma) > I/(1 - \gamma)$

即ち、　（Rの乗数効果）$>$（I の乗数効果）

・$\delta > 1 (Y - C > R)$　とすると、同様に

（Rの乗数効果）$<$（I の乗数効果）

・$1/(1 - \gamma) = C_0/R$　から、Rを一定とすると、C_0の増分と乗数効果増分の比は一定となる。

・$R > I \Leftrightarrow \delta < 1 \Leftrightarrow e < k \Leftrightarrow (C - C_0) < (C_0 - R)$

$\Leftrightarrow (Y - C_0) < C_0$

$R < I \Leftrightarrow \delta > 1 \Leftrightarrow e > k \Leftrightarrow (C - C_0) > (C_0 - R)$

$\Leftrightarrow (Y - C_0) > C_0$

命題24　　$C - C_0 = \gamma \times (Y - C_0)$

証明)

　命題20より、　$Y - C_0 = e/(e + k) \times Y$

　命題22より、　$C - C_0 = e/(e + k) \times (C - R)$　　　より明らか■

命題25　$I = Y - C$ とすると、

　　C_0 は、$(I,\ C_0,\ R)$　として、超経験主義的価値である。

証明)

　$(I,\ C_0,\ R)$ から、Y、C を求める。

　命題4 より、　　$\gamma = \alpha_0 = (C_0 - R)/C_0$

　故に、$Y(= I/(1 - \gamma) + C_0)$ これより、$C(= Y - I)$ を得る。■

説明)

・$(I,\ C_0,\ R)$ の内、C_0、R は、実物市場に特殊化される。

　I は、金融市場(貨幣市場、債権市場)に特殊化される。

　したがって、$(I,\ C_0,\ R)$ は、正規化マクロ経済となる。

　これにより、競争要因は金融市場のみに依存し、その生産への

　効果　$1/(1 - \gamma)$ は、実物市場により決定される。

・$\delta < 1$ の場合、Y は、実物市場の制約を受ける$(< 2 \times C_0)$。

　$\delta > 1$ の場合、Y は、実物市場の制約を受けない$(> 2 \times C_0)$。

命題26　　$(C - C_0)/C_0 = e/k \times \gamma$

証明)

　系23 より、$(C - C_0)/C_0 = (C - C_0)/(C_0 - R) \times (C_0 - R)/C_0 = e/k \times \gamma$　■

系27　　$(C - C_0)/A = e/k \times \gamma/(1 - \gamma)$

命題28　(1) $C - C_0 = C_0$　$\Leftrightarrow$　$k/e = \gamma$

　　　　　(2) $C - C_0 < C_0$　$\Leftrightarrow$　$k/e > \gamma$

　　　　　(3) $C - C_0 > C_0$　$\Leftrightarrow$　$k/e < \gamma$

証明)

　命題26より、　$(C - C_0)/C_0 = e/k \times \gamma$　　故に、明らか■

命題 29

(1) $k \leqq 3 - 2 \times \sqrt{2}$　の場合、

(1-1) $e = (1 - k \pm \sqrt{D})/2$　$\Rightarrow$　$(C - C_0)/C_0 = 1$

(1-2) $(1 - k - \sqrt{D})/2 < e < (1 - k + \sqrt{D})/2 \Rightarrow (C - C_0)/C_0 > 1$

(1-3) $e < (1 - k - \sqrt{D})/2$　or　$e > (1 - k + \sqrt{D})/2 \Rightarrow (C - C_0)/C_0 < 1$

(2) $k > 3 - 2 \times \sqrt{2} \Rightarrow (C - C_0)/C_0 < 1$

　　(但し、$3 - 2 \times \sqrt{2} \fallingdotseq 0.172$、$D = (k - 3)^2 - 8$)

証明)

命題8、命題28 より、

(1-1)の必要条件　　　$e^2 + (k - 1) \times e + k = 0$

(1-2)の必要条件　　　$e^2 + (k - 1) \times e + k < 0$

(1-3)、(3)の必要条件　$e^2 + (k - 1) \times e + k > 0$

2次方程式の判別式

$$D = (k - 1)^2 - 4 \times k = k^2 - 6 \times k + 1 = (k - 3)^2 - 8$$
$$= (k - (3 - 2 \times \sqrt{2})) \times (k - (3 + 2 \times \sqrt{2}))$$

2次方程式　　　　　　　　$e^2 + (k - 1) \times e + k = 0$

の解　　　　　　　　　　　$e = (1 - k \pm \sqrt{D})/2$

解 $(1 - k + \sqrt{D})/2$ の範囲:

$$f(k) = 1 - k + (k^2 - 6 \times k + 1)^{1/2} \quad (= 1 - k + \sqrt{D})$$
$$df/dk = -1 + (k - 3)/(k^2 - 6 \times k + 1)^{1/2}$$
$$= -1 + (k - 3)/((k - 3)^2 - 8)^{1/2}$$

は、　$0 < k < 1$ の範囲では、　$df/dk < 0$

故に、　$1 - k + \sqrt{D}$　は、$k = 0$ のとき、最大値 $= 2$

したがって、　　　　　　$(1 - k + \sqrt{D})/2 < 1$

解 $1 - k - \sqrt{D}$ の範囲:

$$f(k) = 1 - k - (k^2 - 6 \times k + 1)^{1/2} \quad (= 1 - k - \sqrt{D})$$
$$df/dk = -1 - (k - 3) / (k^2 - 6 \times k + 1)^{1/2}$$
$$= -1 - (k - 3)/((k - 3)^2 - 8)^{1/2}$$

は、　$0 < k < 1$ の範囲では、　$df/dk > 0$

故に、　$1 - k - \sqrt{D}$　は、$k = 0$ のとき、最小値 $= 0$

したがって、　　$0 < 1 - k - \sqrt{D} < 1$

これより、　　(1-1)、(1-2)、(1-3)、(2) を得る　　　　■

例) $Y = 1000$、$A = 160$、　$k = 0.16$　とする。

$D = (0.16 - 3)^2 - 8 = 0.0656$、　$\sqrt{D} \fallingdotseq 0.256$

(1-1) $e = (1 - k - \sqrt{D})/2 = 0.292$　　　$\gamma = 0.548$

　　$C_0 = 353$、　$C = 708$、　$C - C_0 = 355$、$e = (1-k+\sqrt{D})/2 = 0.548$

　　$\gamma = 0.292$、$C_0 = 225$、$C = 452$、$C - C_0 = 227$

(1-2) $e = 0.350$、$\gamma = 0.49$、$C_0 = 313$、$C = 650$、$C - C_0 = 337$

(1-3) $e = 0.2$　$\gamma = 0.64$、$C_0 = 444$、$C = 800$、$C - C_0 = 356$

　　　$e = 0.6$　$\gamma = 0.24$、$C_0 = 210$、$C = 400$、$C - C_0 = 190$

　$Y = 1000$、　$A = 180$、　$k = 0.18$ とする。

(2) $e = 0.2$　　$\gamma = 0.62$、$C_0 = 473$、$C = 800$、$C - C_0 = 327$

　　$e = 0.5$　　$\gamma = 0.32$、$C_0 = 264$、$C = 500$、$C - C_0 = 236$

　　$e = 0.8$　　$\gamma = 0.02$、$C_0 = 183$、$C = 200$、$C - C_0 = 17$

例) 第5章参照

§6　労働市場($Y = GDP$)

[労働市場の経済モデル]
　　消費関数2：　　$C = \gamma \times Y + A$　（γ=限界消費傾向、A=基礎消費）
　　最低消費額：　　$C_0 = A/(1 - \gamma)$
　　人的資源リスク：　$k = A/Y$
　　貯蓄率：　　　　$e = (Y - C)/Y$　　　　（=生産リスク）
　　生産力：　　　　$\delta = (Y - A)/C$
説明）現代においては、$1 < \delta$ より、
　　$A < Y-C$(基礎消費 < 貯蓄)　或いは、$k < e$ となる(命題13)。

[定義]　最低生活費再生産価値：$A_0 = A/(1 - k)$　とする。
説明)最低生活費Aの成分比 k を前提に、Aを再投入するために必
　　要な最小の生産額である。
[定義]　労働の再生産可能条件：　$A_0 \leqq C_0$　とする。
説明)命題1 より、$C_0 = C = Y$ となるので、$A_0 \leqq C_0$ であること
　　が必要である。

命題 w-01　$A_0 \leqq C_0$　$\Leftrightarrow$　$k \leqq \gamma$　$\Leftrightarrow$　$2 \times A \leqq C$
証明)
　　$A_0 \leqq C_0$　$\Leftrightarrow$　$k \leqq \gamma$：
　　　定義　$A_0 = A/(1 - k)$、　$C_0 = A/(1 - \gamma)$　より明らか。
　　$k \leqq \gamma$　$\Leftrightarrow$　$2 \times A \leqq C$：
　　　$\Rightarrow$　定義　$k = A/Y$、　$\gamma = (C - A)/Y$　より、
　　　　　　　$A/Y \leqq (C - A)/Y$、　即ち、　$2 \times A \leqq C$
　　　$\Leftarrow$　$\gamma - k = (C - A)/Y - A/Y = (C - 2 \times A)/Y \geqq 0$　■
説明)労働の再生産可能条件を満たすためには、任意の消費額は
　　少なくとも基礎消費の2倍以上であることが必要かつ十分である。

命題 w-02　　$2 \times A \leqq C_0$　$\Leftrightarrow$　$1/2 \leqq \gamma$
証明)
　　$\Rightarrow$　定義　$C_0 = A/(1 - \gamma)$　より
　　　$C_0 - 2 \times A = A/(1 - \gamma) - 2 \times A \geqq 0$　故に、$1/2 \leqq \gamma$
　　$\Leftarrow$　$1/2 \leqq \gamma$　より、　$1/(1 - \gamma) \geqq 2$
　　　故に、　$C_0 - 2 \times A = A/(1 - \gamma) - 2 \times A \geqq 0$　■
説明)　・労働の再生産可能条件を満たすためには、
　　　　　乗数効果　$1/(1 - \gamma) \geqq 2$　でなければならない。
　　　　・労働の付加価値の差異に影響されない条件となる。

故に、　　　$k \leqq \gamma$　かつ　$1/2 \leqq \gamma$
或いは、　　$A_0 \leqq C_0$　かつ　$2 \times A \leqq C_0$　（カンティロン）

最低消費額C_0　を確保するための生産額：
$h = C_0/Y$　とすると、最低消費額C_0を再投入するために必要な
最低の生産額Y_1は、　A_0と同様に
$$Y_1 = C_0/(1 - h)$$
したがって、　　　　$Y_1 \leqq Y$
定義により、　$1 - h = 1 - C_0/Y = 1 - 1/Y \times A/(1 - \gamma)$
$$= 1 - k/(1 - \gamma) = e/(1 - \gamma)$$
故に、　　　　$Y - Y_1 = Y - C_0/(1 - h) = Y - A/(1 - \gamma)/(1 - h)$
$$= Y - A/(1 - \gamma) \times (1 - \gamma)/e$$
$$= Y - A/e = Y \times (1 - k/e) \geqq 0$$
したがって、　　　$e \geqq k$
故に、命題13より、　$\delta \geqq 1$　となる。

[定義]　マルサス型経済：　　　$\delta < 1$　（$\leftrightarrow$ $Y < 2 \times C_0$）
　　　　　非マルサス型経済：　$\delta > 1$　（$\leftrightarrow$ $Y > 2 \times C_0$）

命題 w-03　マルサス型経済　$\Rightarrow$　競争による生産 $<$ 最低消費額
　　　　　　　　　　　　　　　　　（$Y - C_0 < C_0$）
　　　　　　非マルサス型経済 $\Rightarrow$ 最低消費額 $<$ 競争による生産
　　　　　　　　　　　　　　　　　（$C_0 < Y - C_0$）
証明）
　　定義より明らか■
説明）図1-1、図1-2参照。
　・マルサス型経済の特徴：
　　　C と C_0 の比率が、消費傾向s の2倍を超えない（系13）。
　　　生産が $2 \times C_0$ を超えない。したがって、人口により生産が
　　　制限される（命題13）。
　・非マルサス型経済の特徴：
　　　C と C_0 の比率が、消費傾向s の2倍を超える（系13）。
　　　生産が $2 \times C_0$ を超える（命題13）。したがって、生産の減少が
　　　必ずしも人口数減少に結びつかない。

n:労働力総数、　w: 賃金、　$w_0 = C_0/n$　とする。
命題 w-04　$\forall w \geqq w_0$
証明）　　$w \times n \geqq C \geqq C_0 = w_0 \times n$　より明らか■

［定義］　　最低賃金 ＝ w_0

説明）C_0 は、競争に依存しない価値であるため均等に分配可能。

［定義］　成長型マクロ経済 ： 　$1/2 > \gamma$

　　　　　安定型マクロ経済 ： 　$1/2 < \gamma$

命題 w-05　成長型マクロ経済 ⇔ 　（競争による利益）＜（投資額）

　　　　　　　　　　　　　　　　（ $C - C_0 < Y - C$ ）

　　　　　　安定型マクロ経済 ⇔ 　（競争による利益）＞（投資額）

　　　　　　　　　　　　　　　　（ $C - C_0 > Y - C$ ）

証明）

　　　命題24より、　$C - C_0 = \gamma \times (Y - C_0)$、　したがって、

　　　成長型マクロ経済 ⇔ 　$C - C_0 < (Y - C_0)/2$

　　　　　　　　　　　　⇔ 　$2 \times (C - C_0) < Y - C_0$

　　　　　　　　　　　　⇔ 　$C - C_0 < (Y - C_0) - (C - C_0)$

　　　　　　　　　　　　⇔ 　$C - C_0 < Y - C$

　　　安定型マクロ経済の場合も同様■

説明）成長型マクロ経済： 　労働の付加価値が少なく、投資が多い。

　　　　安定型マクロ経済： 　労働の付加価値が高く、投資が少ない。

命題 w-06　(1)　$2 \times C_0 > C$ 　⇔ 　$k/e > \gamma$

　　　　　　(2)　$2 \times C_0 < C$ 　⇔ 　$k/e < \gamma$

証明）

　　　命題26より、明らか　　　　　　　　　■

説明）

　$C_0 < C - C_0$ 　⇔ 　（実物市場要因の所得）＜（金融市場要因の利益成分）

§ 7　商品市場(Y ＝ 生産額)

再生資源コストを競争に由来しない価値に割り付けて資源制約を回避することを試みる。

［資源リサイクル］　投入資源(R)の一部を回収資源に置き換えること
　　　企業自身による資源回収、外部業者からの回収資源購入の2種類
　　　とする。
［リサイクル経済］　$\delta < 1$ を満たす経済で、資源リサイクルにより
　　　生産量がリサイクル由来でない投入資源量に制約されないこと。
　　　即ち、　　　　　　$R' ＝$ リサイクル資源
　　　　　　　　　　　　$k' ＝ (R － R')/Y$
　　　とすると、　　$e ＞ k'$ （命題13 (3)）
資源回収率 ＝ f とすると、　　$R ＝ R'/f$

命題 c-01　(Y、C、R) リサイクル経済　⇔　$f ＞ 1 － e/k$
証明)
　　=> の証明:　$e ＞ k'$ とする。
　　　　$k' ＝ (R － R')/Y ＝ (R － f×R)/Y ＝ k×(1 － f)$
　　　　故に、　$f ＝ 1 － k'/k ＞ 1 － e/k$
　　<= の証明:　$f ＞ 1 － e/k$ とする。　$R ＝ R'/f$ より、
　　$e － k' ＝ e － (R － R')/Y ＝ e － k ＋ R'/Y$
　　　　　　　$＝ e － k ＋ R×f/Y ＝ e － k ＋ k×f$
　　　　　　　$＞ e － k ＋ k×(1 － e/k) ＝ 0$
　　ゆえに、　$e ＞ k'$　■

S=資源回収投資額、　g ＝ 投資効果　とする。$R' ＝ g×S$

回収資源	投資
R'	S
	$(g － 1)×S$

・$g ≧ 1$ の場合:　$(g － 1)×S ＝$ （回収業者利益、或いは企業利益）
・$g ＜ 1$ の場合:　$(g － 1)×S ＝$ （企業の損失）

以下、　$g ＜ 1$ 及び、回収は企業側でおこなうと仮定する。
［企業収益に影響しないリサイクル経済］
　　　$g ＜ 1$ で、競争に由来しない利益成分の一部($< C_0 － R$) を
　　　資源回収に伴う損失に充当する経済とする。
説明)企業収益は、各企業の相対的優位性に依存する。ゆえに、

資源回収への競争に由来しない利益成分の一部充当は、企業の成長性、即ち企業価値に影響しない。故に、資源市場に影響しない。

資源回収投資率　$\beta = (1-g) \times S/(C_0 - R) < 1$
再生資源　　　　$R' = g \times S = g/(1-g) \times \beta \times (C_0 - R)$
故に、新規投入資源は、　$R'' = R - g/(1-g) \times \beta \times (C_0 - R)$
回収率　$f = R'/R$
　　　　　$= g/(1-g) \times \beta \times (C_0 - R)/R$

回収資源	投資
R'	$\beta/(1-g) \times (C_0 - R)$
	$-\beta \times (C_0 - R)$

$\beta/(1-g) \times (C_0 - R) = $ 資源回収投資$(= S)$
$\beta \times (C_0 - R) = $ 不足分の充当$(= (1-g) \times S)$

命題 c-02　$(Y、C、R)$ 企業収益に影響しないリサイクル経済
　　　　　$\Leftrightarrow$　$g/(1-g) \times \beta > (1 - e^2/k^2) \times R/(C - R)$
証明)
　=> の証明:　命題c-01 より、　$f > 1 - e/k$　とする。
　　命題22 より、　$C_0 - R = k/(e + k) \times (C - R)$
　　故に、　$g/(1-g) \times \beta = R'/(C_0 - R) = f \times R/(C_0 - R)$
　　　　　　　　　　　　　$> (1 - e/k) \times R \times (e + k)/k/(C - R)$
　　右辺 $= (1 - e^2/k^2) \times R/(C - R)$
　　<= の証明:　$f = R'/R = g/(1-g) \times \beta \times (C_0 - R)/R$
　　　　　　　　$= g/(1-g) \times \beta \times k/(k + e) \times (C - R)/R$
　　　　　　　　$> (1 - e^2/k^2) \times R/(C - R) \times k/(k + e) \times (C - R)/R$
　　右辺 $= (1 - e/k)$　となって、命題c-01 より明らか　■

系 c-03　$(Y、C、R)$ 企業収益に影響しないリサイクル経済
　　　　　$\Leftrightarrow$　$g/(1 - g) \times \beta > (k^2 - e^2)/k/(1 - e - k)$
証明)
　命題8 より、　$\gamma = 1 - e - k$
　一方、　　$C - R = \gamma \times Y$
　故に、　　$(C - R)/R = k/(1 - e - k)$
　これを、命題 c-02 の式に代入する。■

例）（平成19年工業統計表 産業編（概要版）より）

化学工業（単位 百万円）

・従業員5人以上の事業所

原材料使用額等 = 16,236,153 製造品出荷額等 = 28,293,937

・従業員30人以上の事業所

在庫額 年末在庫額 = 1,567,804 原材料及び燃料 = 1,006,455

半製品及び仕掛品 = 799,593

合計 = 3,373,852

総投資額 = 1,457,874 減価償却額 = 1,008,395

（従業員 5-29人の事業所は、データがない為 ゼロとした。）

・ Y（製造品出荷額等+在庫額+総投資額+減価償却額）

= 28,293,937 + 3,373,852 + 1,457,874 + 1,008,395

= 34,134,058

C（製造品出荷額等） = 28,293,937

R（原材料使用額等） = 16,236,153

$k = R/Y = 0.48$ $e = (Y - C)/Y = 0.17$

・リサイクル経済の条件 $f > 1 - e/k = 0.64$

したがって、少なくとも約65%の資源回収率が必要である。

・企業収益に影響しないリサイクル経済の条件

$g/(1 - g) \times \beta > (k^2 - e^2)/k/(1 - e - k) = 1.17$

例） $g = 0.9$ とすると、 $\beta > 0.13$

	$Y/(2 \times C_0)$	f	$\min(g/(1-g) \times \beta)$	δ
化学工業	0.68	0.64	1.17	0.63
プラスチック製品製造業	0.63	0.75	1.33	0.56
ゴム製品製造業	0.64	0.72	1.1	0.61
窯業・土石製品製造業	0.7	0.61	0.8	0.7
鉄鋼業	0.64	0.73	2.27	0.48
非鉄金属製造業	0.63	0.75	2.54	0.45
金属製品製造業	0.62	0.77	1.25	0.56
一般機械機器製造業	0.66	0.68	1.38	0.59
電気機械器具製造業	0.63	0.74	1.65	0.52
電子製品・デバイス製造業	0.7	0.6	1.24	0.64
輸送用機械器具製造業	0.59	0.83	2.27	0.42

説明）リサイクル経済にするためには、製品の付加価値率を高めて、 $\delta \rightarrow 1$ になるようにして、 $g/(1-g) \times \beta$ の下限値をできるだけ下げる必要がある。

第2章　資産から見た金融

銀行（貨幣発行主体）の資産の面から金融システムを考察する。

§1　価値の分類

消費されない価値：人間が創造した、文化的対象で消費の対象で
　　ないもの。
例）自由、平等、人権、宗教、国家、科学法則、土地（所有権）。

{ 消費されない価値 } = { 消費される価値と交換不可能なもの }
　　　　　　　　　　∪ { 消費される価値と交換可能なもの }
説明）交換は、互いに排他的な価値の間では成立しない。
　　したがって、価値とその否定の価値は交換不可である。
　　　　{ 交換不可な価値全体 } - { 価値、その否定の全体 }
　　　　{ 交換可能な価値全体 } = { 互いに排他的でない価値全体 }
例）交換不可能なもの：自由、平等、人権、宗教、国家、科学法則
　　交換可能なもの：土地（所有権）、美術品、現金

［定義］
　　資産：消費されない価値で消費される価値と交換可能なもの。
　　　　　価格が発生するのは、他の価値と交換する場合、その時のみ
　　　　　である。但し、通貨の場合は、価格=額面となる。
　　例）土地、株式、債権、預金、現金。

経済で扱う価値の種類：
　　{ 交換可能な価値 } = 　{ 消費される価値 }
　　　　　　　　　　　∪ { 交換可能な消費されない価値 }
　　{ 消費される価値 } = { Y(=GDP) を構成する価値 }
　　{ 消費されない価値 } = { 資産 }

消費されない価値			消費される価値(GDP)	
交換不可	資産	<- 交換 ->	$Y - C_0$	C_0

29

命題 g-1　資産の交換価値　≧　0
証明)
　　消費される価値との交換可能性が資産価値の元である。
　　消費される価値が不足の場合、資産との交換はできない。■

[定義]
　　資産の額面: 交換可能な消費価値
　　金融で扱う資産: 流動性のある資産で、額面があるもの。
　　例)
　・流動性の無い資産: 土地、美術品、生産設備、鉱山、石油井戸
　・流動性があって額面が無い資産: 貴金属、宝石、特許権
　・流動性があって額面が有る資産: 預金、債権、現金、株式
　　信用システム: 額面のある資産の交換(同一額面)
　　例)
　・信用システムでない場合:
　　1)100万円預けて手数用10万、残金90万の預かり証発行。
　　　→有効貯蓄額90万円。10万円の現金が発生。
　　2)100万円借金して、金利分10万円除いた90万円受け取る。
　　　→有効融資額90万円。10万円の現金が発生。
　・信用システムである場合:
　　1)100万円預けて預金100万円。
　　2)100万円の銀行券発行して100万融資。
　　信用システムで扱う資産: 金融で扱う資産の内、額面が保証
　　されるもの。
　　例)
　・額面が保証されない資産:株式、投資信託
　・額面が保証される資産:預金、貸付金、国債、社債、銀行券
　　信用システムを扱う機関: 銀行
　　金利: 信用システムが生成する信用に対する付加価値の割合

§2　信用システム

信用システムモデルを構成する。

[前提]

銀行　1）銀行は一つとする（インターバンクの抽象化）。

　　　2）銀行の機能は、銀行券発行、預金、貸付とする。

　　　3）年間預金利子、貸付利子は、それぞれ i、j とする。

　　　4）預金準備率、自己資本規制などの規制は無いとする。

　　　5）銀行券は、融資目的に常に発行可能とする。

　　　6）融資は、利子以外は無条件でおこなわれる。

説明　GDPと金融システムの関係の考察のため、銀行は一つに集約。
　　　個々の信用取引金利（i、j）に対して、銀行の総利益率は同
　　　一と見なせる。故に、この中の任意の（i、j）を信用システム
　　　の代表金利として適用可能となる。

通貨　1）通貨は、銀行券、金属貨幣とする。

　　　2）金属貨幣は、現金取引のみ使用する。

　　　3）通貨の退蔵は無いものとする。

信用創造

　　x円の信用創造　とは、以下の2つの事象とする。

　　1）x円の銀行券発行　→　x円の融資　→　x円の預金（$j>0$　→　$i>0$）

　　2）x円の預金　→　x円の融資　→　x円の預金（$i>0$　→　$i>0$）

通貨の流通

　　銀行券の流通とは、銀行から銀行への通貨の移動を意味する。

　　以下の2パターンに分類され、移動時間は抽象される。

　　1）融資（$j>0$）→（取引）→預金（$i>0$）

　　2）預金（$i=0$）→（取引）→預金（$i>0$）

　　何れも、全額戻ることが必要（$j-i>0$）。

取引

　　1）最低消費額（C_0）に関する取引は、現金取引のみとする。
　　　　通貨と商品との交換を意味する。

　　2）$Y - C_0$ の取引は、信用創造を前提とする。
　　　　したがって、銀行が銀行券を発行した後に発生する。

　　3）資産の取引も2）と同様とする。

　　初期状態：・銀行は、X円の銀行券を発行する。

　　　　　　　・銀行は、X円を融資する。

　　　　　　　・銀行には、X円の預金が存在する。

[記号]　S = 年間信用総額

　　　　S_R = Y生産分の年間信用総額（= $Y - C_0$）

　　　　S_F = 資産取引分の年間信用総額

　　　　$S = S_R + S_F$（= $Y - C_0 + S_F$）

説明）・個々の取引は不明のため年間の総額で考える。

・実物取引と金融取引を分けて考えることは、参考文献13)を参考にした。

命題 g-2　　$S_R = I + (C - C_0) = I/(1 - \gamma)$
証明）

$S_R = Y-C_0 = (Y-C) + (C-C_0) = I + (C-C_0) = I/(1-\gamma)$ （命題20）■

命題 g-3　　$S = $ 融資総額 $= $ 預金総額
証明）

信用創造の前提から明らか　■

系 g-4　　　$S > 0 \iff$ 預金額 $> 0 \iff$ 融資額 > 0

命題 g-5　　$S = 0 \implies Y = 0$
証明）

現金は流通のみで投資資金が無い。故に生産も不可能となる。■

命題 g-6　　$C < Y \implies S > 0$
証明）

$Y - C$ は、貯蓄。したがって、命題 g-3 より、明らか■

命題 g-7　　$S = Y \iff S_F = C_0$
　　　　　　　$S > Y \iff S_F > C_0$
　　　　　　　$S < Y \iff S_F < C_0$
証明）

$S - Y = S_F + S_R - (S_R + C_0) = S_F - C_0$　より、明らか■

命題 g-8　　　銀行の利益 $\leqq (j - i) \times S$
証明）

命題 g-3 より明らか■

［定義］　（取引の完全性）
・現金取引は現金取引の中で決済される。
・信用取引は元金は信用取引の中で決済され、金利は現金で決済。
説明）金利に対して、金利が発生しないことが信用の完全性の条件
命題 g-9　　　C_0（現金取引)は、完全(決済可能)である。
証明）

C_0 は、所得=消費 を意味する■

命題 g-10 $(j - i) \times S/(1 - \gamma) < C \quad (\subset C)$

証明)

　信用の利子は、総投資I、基礎消費Aと同様GDP外部に由来する。
　故に、$(j-i) \times S$ をGDP外に支払うためには、少なくとも
$$(j - i) \times S/(1 - \gamma) \quad (= x)$$
　分総生産されなければならない。同時に、x は消費(=売上)され
　なければならない。　■

説明)

　I、A、利子は、全ての商品価値の成分であるので、乗数効果は
　$1/(1 - \gamma)$ となる。GDP内で生成される価値の乗数効果は、こ
　れより小さい。　I、A、利子の乗数効果は、それぞれ $Y - C_0$、
　C_0、C に対して作用する。

　$I/(1 - \gamma)$：資産 = I、消費 = $C - C_0$

　$A/(1 - \gamma)$：全て消費 = C_0

　$(j-i) \times S/(1-\gamma)$：消費(=売上)することで利子を支払う $\subset C$

命題 g-11 (信用の不完全性)

$(j-i) \times S > A \quad \Rightarrow \quad (j-i) \times S-A$ の一部は、$C-C_0$ から支払われる。

証明)

　$(j - i) \times S/(1 - \gamma) > C_0$ となり、命題 g-10 により、
　$(j - i) \times S - A$ の一部は、$C - C_0$ から支払われる。■

説明) $(j - i) \times S$ は、最終的に消費C により支払われる。故に、
　$(j - i) \times S > A$ の場合、Sの中から信用の利子が支払われる。
　これにより、金利に対して金利が発生する。

[定義]　S++状態：　$(j - i) \times S > A$

　　　　S+状態：　$(j - i) \times S \leqq A$

説明)S++状態は、信用によって信用の利子を支払う必要がある状態

　　S+状態は、C_0 により信用の利子を支払える状態

例)　実業は、信用の範囲のみで、C_0 は除く。

1) $S_F = 0$ のケース：　$S_R = $ 銀行券量 の場合

　銀行券数=1000、S=1000、$S_R = Y-C_0$=1000、I=400、$C-C_0$=600

　預金量=1000、　　融資量=1000(銀行券発行数=1000)

実業	銀行
I = 400 $C - C_0$ = 600	資産: 融資 = 1000
$Y - C_0$ = 1000	負債: 預金 = 1000

説明）融資 = 1000 は、銀行券発行による融資。
融資による生産 I = 400（設備）、$C - C_0$ = 600（人件費）。
所得 $Y - C_0$ = 1000 から 預金=1000 発生。

2）$S_F = 0$ のケース： $S_R >$ 銀行券量 の場合
銀行券数=600、 S=1000、$S_R = Y - C_0$=1000、I=400、$C - C_0$=600
預金量 = 1200、融資量 = 1200（銀行券発行数=600、預金=600）

実業	銀行
$I = 200$	資産： 融資 = 600 （銀行券発行）
$C - C_0 = 400$	融資 = 400 （預金から）
$I = 200$	
$C - C_0 = 400$	
$Y - C_0 = 600$	負債： 預金 = 600
$Y - C_0 = 600$	預金 = 600

実業の流れの例:
・紙幣発行による融資=600
・融資による生産 I = 200（設備）、 $C - C_0$ = 400（人件費）
・所得=600 から、預金=600発生。
・預金=600から信用創造で、融資=600が発生。
・融資による生産 I = 200（設備）、$C - C_0$ = 400（人件費）
・所得=600 から、預金=600が発生。

3）$S_F > 0$ のケース： S = 銀行券量 の場合
銀行券数=1500、 S=1500、S_F=500、$S_R = Y - C_0$=1000、I=400、
$C - C_0$=600、預金量=1500、融資量=1500（銀行券発行数=1500）

実業	銀行
$S_F = 500$	資産： 融資 = 500 （資産用）
$I = 400$	融資 = 1000 （生産用）
$C - C_0 = 600$	
資産 = 500	負債： 預金 = 500
$Y - C_0$ = 1000	預金 = 1000

説明）融資による生産 I = 400（設備）、$C - C_0$ = 600（人件費）
生産による所得 $Y - C_0$=1000 資産取引による所得 S_F=500

4）$S_F > 0$ のケース： $S >$ 銀行券量 の場合
銀行券数=800、S=1600、S_F=500、$S_R = Y - C_0$=1100、I=400、$C - C_0$=700
預金量=1600、融資量=1600（銀行券発行数=800、預金=800）

実業	銀行		
$S_F = 500$	資産： 融資 = 800	（銀行券発行→資産用）	
	融資 = 300	（銀行券発行→生産用）	
$I = 100$	融資 = 800	（預金→生産用）	
$C - C_0 = 200$			
$I = 300$			
$C - C_0 = 500$			
資産 = 500	負債： 預金 = 800		
$Y - C_0 = 300$	預金 = 300		
$Y - C_0 = 800$	預金 = 800		

実業の流れの例：
- 紙幣発行による融資=500（資産取得用）
- 紙幣発行による融資=300（生産用） I=100（設備） C–C₀=200（人件費）
- 資産取引による所得=500 から、預金=500発生。
- 生産による所得=300から、預金=300発生。
- 預金=800から信用創造で、融資=800（生産用） I=300（設備）
  C–C₀=500（人件費）
  - 生産による所得=800から、預金=800発生。

説明） 資産取引用融資 = 500 は、銀行券発行による融資。
　　　初回生産用融資 = 300 は、銀行券発行による融資。
　　　2回目生産用融資 = 800 は、預金=500+300 による融資。

§3 信用システム上の投資関数

信用創造と投資の関係を考察する。
［短期投資関数］　$S_R = \varepsilon \times S + (C-C_0)\,(I = \varepsilon \times S)$　（図2-1、2-2）
説明）資産への信用創造が増加すると投資額が増加する関係にある。

命題 g-15　$S_R = \varepsilon/(1 - \gamma) \times S$　　　　　　　　　　（図2-1、2-2）
証明）
　　　　　$S_R = Y - C_0 = I/(1 - \gamma) = \varepsilon/(1 - \gamma) \times S$　■
説明1）信用の乗数効果 $= \varepsilon/(1 - \gamma)$
説明2）S は、資産市場と実物市場の影響を受けるので、
　　$(S、I、C - C_0)$ 或いは、$(S、S_R、C - C_0)$ は、非正規である。

命題 g-16　　$S = Y(S_F = C_0)$　　↔　　　$\varepsilon = e$
　　　　　　　$S > Y(S_F > C_0)$　　↔　　　$\varepsilon < e$
　　　　　　　$S < Y(S_F < C_0)$　　↔　　　$\varepsilon > e$
証明）
　　定義より、$e = I/Y$、　　$\varepsilon = I/S$　となり、明らか　　■
説明）　通常、$S > Y$　即ち、$\varepsilon < e$　である。

［定義］　　最低信用額 $S_0 = (C - C_0)/(1 - \varepsilon)$
　　　　　　最低投資額 $I_0 = \varepsilon \times S_0$
説明）S_0 は、$S_R = \varepsilon \times S + (C-C_0)$ と $S_R = S$(45度線)の交点
　　（図2-1、2-2）

命題 g-17　　$S_0 = I_0 + (C - C_0)$
証明）
　　　　定義より、明らか■

命題 g-18　　$I - I_0 = \varepsilon \times (S - S_0)$
証明）
　　　　定義より、明らか■

命題 g-19　　$S_R \geqq S_0$
証明）
　　$S_R - S_0 = \varepsilon \times S + (C - C_0) - (C - C_0)/(1 - \varepsilon)$
　　　　　　$= \varepsilon \times S - \varepsilon \times (C - C_0) = \varepsilon \times (S - (C - C_0))$
　　$= \varepsilon \times (S_F + S_R - (C - C_0)) = \varepsilon \times (S_F + Y - C_0 - (C - C_0))$
　　　　　　$= \varepsilon \times (S_F + Y - C) \geqq 0$　　　　　　■

命題 g-20 $I \geqq I_0$
証明)
　　命題 g-18、命題 g-19 より、明らか∎

命題 g-21 $S_F = 0$ ⇔ $1 - \gamma = \varepsilon$
証明)
　=>: $S_F = 0$ とすると、 $S = S_R = Y - C_0$
　　したがって、 $S_R = Y - C_0 = \varepsilon \times (Y - C_0) + (C - C_0)$
　　故に、 $C = (1 - \varepsilon) \times Y + \varepsilon \times C_0 = (1 - \varepsilon) \times Y + \varepsilon /(1 - \gamma) \times A$
　　　　　　 $= \gamma \times Y + A$ したがって、 $1 - \gamma = \varepsilon$
　　<=: $1 - \gamma = \varepsilon$ とすると、 $A = \varepsilon \times C_0$
　　したがって、 $S = (S_R - (C - C_0))/\varepsilon = (Y - C_0 - (C - C_0))/\varepsilon$
　　　　　　　　 $= (Y - C)/(1 - \gamma) = Y - C_0 = S_R$ ∎
説明) $S_F = 0$ とすると、 $S = S_R = Y - C_0$ 故に、
　$S_R = Y - C_0 = \varepsilon \times S + (C - C_0) = \varepsilon \times (Y - C_0) + (C - C_0)$
　故に、 $C - C_0 = (1 - \varepsilon) \times (Y - C_0) = \gamma \times (Y - C_0)$
　命題24より、$I = \varepsilon \times S$ と $C = \gamma \times Y + A$ は、同じ関数となる。

命題 g-22 $S_F = 0$ ⇔ $S = S_0$
証明)
　=>: $S_F = 0$ より、 $S = S_R$ 故に、 $S = \varepsilon \times S + (C - C_0)$
　　　したがって、 $S = (C - C_0)/(1 - \varepsilon) = S_0$
　　<=: $S_R = \varepsilon \times S + (C - C_0) = \varepsilon \times (C - C_0)/(1 - \varepsilon) + (C - C_0)$
　　　　 $= (C - C_0)/(1 - \varepsilon) = S_0 = S$ 故に、 $S_F = 0$ ∎

命題 g-23 $S_F = 0$ ⇔ $I = I_0$
証明)
　=>: 命題 g-22 より、 $S = S_0$
　　故に、 $S = S_R = Y - C_0 = I + (C - C_0) = S_0 = (C - C_0)/(1 - \varepsilon)$
　　したがって、 $I = \varepsilon \times (C - C_0)/(1 - \varepsilon) = I_0$
　　<=: $I = I_0$ とすると、 $S = \varepsilon \times I = \varepsilon \times I_0 = S_0$
　　　　命題 g-22 より、明らか∎
説明)
・S_0 は、資産投資額=0 の場合の信用額であるので、有産者に
　由来する投資が無い場合を意味する。故に、雇用者の賃金・
　俸給」との関連が深いと思われる。（第7章にて検証）
・S_0 と「賃金・俸給」の近接関係を前提とすると、I_0 は、雇
　用者の分配の中の貯蓄から生成される信用による投資に相当す
　る。したがって、雇用者の貯蓄との関連が深いと思われる。

命題 g-24　　$S = S_F/(1-\varepsilon) + (C-C_0)/(1-\varepsilon)\ (= S_F/(1-\varepsilon) + S_0)$

証明)

　　$S_R = S - S_F$ を　$S_R = \varepsilon \times S + (C - C_0)$ に代入する■

系 g-25　　$I = \varepsilon/(1-\varepsilon) \times S_F + \varepsilon/(1-\varepsilon) \times (C - C_0)$

　　　　　　$(= \varepsilon \times S_F/(1-\varepsilon) + I_0)$

説明)　S_F と $C-C_0$ の乗数効果は、共に　$\varepsilon/(1-\varepsilon)/(1-\gamma)$

[定義]　　資産リスク：　$u = S_F/S$　　　　　$(= 1-S_R/S = 1-(Y-C_0)/S)$
　　　　　所得リスク：　$v = (C - C_0)/S$　　$(= (1-\varepsilon) \times S_0/S)$
　　　　　信用水準：　　$\zeta = S_F/(C - C_0)$　　$(= u/v)$
　　　　　投資水準：　　$w = I/S_R$　　　　$(= (S_R - (C-C_0))/S_R)$
　　　　　最低投資水準：$w_0 = I_0/S_0$　　　$(= (S_0 - (C-C_0))/S_0)$

説明)　u：信用創造の貯蓄傾向($S_F = u \times S_F$)
　　　　v：信用創造の消費傾向($C = v \times S + C_0$)
　　　　w：$Y - C_0$ の貯蓄率($I/(Y - C_0)$)

命題 g-26　　$1 - \varepsilon = u + v$

証明)

　　$u + v = S_F/S + (C - C_0)/S = (S - S_R + C - C_0)/S = 1 - \varepsilon$■

命題 g-27　　$w = 1 - \gamma$

証明)

　　定義より、　$w = (S_R - (C - C_0))/S_R = 1 - (C - C_0)/(Y - C_0)$
　　命題24より、　$= 1 - \gamma$　　　■

説明)　信用の乗数効果 $= \varepsilon/w$ となる。（実データの ε/w は第7章）

命題 g-28　　$w \geqq w_0$

証明)

　　定義より、　$w = (S_R - (C-C_0))/S_R = 1 - (C-C_0)/S_R$
　　したがって、命題 g-19 より、明らか　■

命題 g-29　　$S_F = 0$　　$\Leftrightarrow$　　$w = w_0$

証明)

　　　　命題 g-22 より、明らか　　　　■

命題 g-30　　$w_0 = \varepsilon$

証明)

　　I_0、S_0 の定義より明らか　　　■

命題 g-31 $1 - \gamma \geqq \varepsilon$ $(w \geqq \varepsilon)$

証明)

　　命題 g-27、命題 g-30 より明らか　　　　　　　　■

系 g-32 $S_F > 0$ $\Leftrightarrow$ $1 - \gamma > \varepsilon$ $(w > \varepsilon)$

説明)

・信用の乗数効果 $= \varepsilon/w = \varepsilon/(1 - \gamma) \leqq 1$

　したがって、$S_F = 0$ のとき、最大となる。

・S_0 と「賃金・俸給」の変動と値の近接は第7章にて確認される。したがって、$w_0 (= \varepsilon)$ は、雇用者分配の変動に影響される変数と考えられる。

[定義]　　資産投資型マクロ経済　$\Leftrightarrow$　$\zeta > 1$

　　　　　実業投資型マクロ経済　$\Leftrightarrow$　$\zeta < 1$

説明) $\zeta \leqq 1$：　S_F は信用による利益(競争による利益)によって取得可能である。

　　　 $\zeta > 1$：　S_F は信用創造しなければ取得不可能である。

命題 g-33

(1)　$\zeta = 1 (u = v)$　$\Leftrightarrow$　$S = 2 \times S_0$　$\Leftrightarrow$　$\varepsilon = (1 - \gamma)/(1 + \gamma)$

(2)　$\zeta < 1 (u < v)$　$\Leftrightarrow$　$S < 2 \times S_0$　$\Leftrightarrow$　$\varepsilon > (1 - \gamma)/(1 + \gamma)$

(3)　$\zeta > 1 (u > v)$　$\Leftrightarrow$　$S > 2 \times S_0$　$\Leftrightarrow$　$\varepsilon < (1 - \gamma)/(1 + \gamma)$

証明)

$S_F/(C - C_0) = S_F/S \times S/(C - C_0) = u/v$

$2 \times S_0/S = 2 \times (C - C_0)/(1 - \varepsilon)/S = 2 \times v/(u + v)$ より、

(1)　$\zeta = 1 (u = v)$　$\Leftrightarrow$　$S = 2 \times S_0$

(2)　$\zeta < 1 (u < v)$　$\Leftrightarrow$　$S < 2 \times S_0$

(3)　$\zeta > 1 (u > v)$　$\Leftrightarrow$　$S > 2 \times S_0$

は明らか

命題20 より、 $(Y - C_0)/Y = e/(e + k)$

命題22 より、 $(C - C_0)/(C - A) = e/(e + k)$

したがって、定義により、

$1/\varepsilon = S/I = (S_F + S_R)/(Y - C) = (S_F + Y - C_0)/(Y - C)$

　　　 $= S_F/(Y - C) + (Y - C_0)/(Y - C)$

$= S_F/(C-C_0) \times (C-C_0)/(C-A) \times (C-A)/(Y-C) + (Y-C_0)/Y \times Y/(Y-C)$

　$= e/(e+k) \times S_F/(C-C_0) \times (C-A)/(Y-C) + e/(e+k) \times Y/(Y-C)$

　$= e/(e+k) \times (S_F/(C-C_0) \times (C-A) + Y)/(Y-C)$

(1)　$u = v$ 即ち、 $S_F/(C - C_0) = 1$ の場合、

　　 $1/\varepsilon = e/(e+k) \times ((C-A) + Y)/(Y - C)$

　　　　 $= e/(e+k) \times (1 + \gamma) \times Y/(Y - C) = (1 + \gamma)/(1 - \gamma)$

　　逆も明らか

(2) $u < v$ 即ち、 $S_F/(C - C_0) < 1$ の場合、

$1/\varepsilon < e/(e+k) \times ((C - A) + Y) / (Y - C)$

右辺 $= e/(e+k) \times (1 + \gamma) \times Y/(Y - C) = (1 + \gamma)/(1 - \gamma)$

逆も明らか

(3) $u > v$ 即ち、 $S_F/(C - C_0) > 1$ の場合、(2)と同様に

$1/\varepsilon > e/(e + k) \times ((C - A) + Y) / (Y - C)$

右辺 $= (1 + \gamma)/(1 - \gamma)$

逆も明らか ■

説明)

1) $f(\gamma) = (1 - \gamma)/(1 + \gamma)$ ($1 > \gamma > 0$) は、減少関数。

$\gamma - \varepsilon$ 軸上の、双曲線 $\varepsilon = (1 - \gamma)/(1 + \gamma)$ のグラフ

において、 ・$\zeta < 1$ は、原点の反対側の領域

・$\zeta > 1$ は、原点側の領域

2) $\zeta > 1 (u > v)$ の場合、ε は、γ による上限が存在する。

最低生活水準 $\alpha_0 (= \gamma)$ が高く安定的であると、Sが増加しても ε の増加は制限され、I に対する効果が減少する。

系 g-34 　(1) $\zeta = 1 (u = v)$ $\Leftrightarrow$ $(\varepsilon + 1) \times (1 + \gamma) = 2$

(2) $\zeta < 1 (u < v)$ $\Leftrightarrow$ $(\varepsilon + 1) \times (1 + \gamma) > 2$

(3) $\zeta > 1 (u > v)$ $\Leftrightarrow$ $(\varepsilon + 1) \times (1 + \gamma) < 2$

証明)

$(1 - \gamma)/(1 + \gamma) = 2/(1 + \gamma) - 1$ 　より、明らか ■

命題 g-35 　　 $S - S_0 = u/(u + v) \times S$

$S_0 = v/(u + v) \times S$

証明)

定義により、 　　 $u = S_F/S$、 $v = (C - C_0)/S$

命題 g-24 より、 $S = S_F/(1 - \varepsilon) + S_0$

故に、 　　　 $S_F = (S - S_0) \times (1 - \varepsilon)$

命題 g-26 より、 $1 - \varepsilon = u + v$

故に、 $u/(u + v) \times S = S_F/S/(1 - \varepsilon) \times S = S_F/(1 - \varepsilon) = S - S_0$

$v/(u + v) \times S = (C - C_0)/S/(1 - \varepsilon) \times S$

$= (C - C_0)/(1 - \varepsilon) = S_0$ ■

系 g-36 　　 $(S - S_0) : S_0 = u : v$

命題 g-37 　　 $I - I_0 = u/(u + v) \times I$

$I_0 = v/(u + v) \times I$

証明)

定義により、 　　 $u = S_F/S$、 $v = (C - C_0)/S$

命題 g-26 より、 $1 - \varepsilon = u + v$

40

故に、　$S_0 - (C-C_0) = (C-C_0)/(1-\varepsilon) - (C-C_0) = \varepsilon/(1-\varepsilon) \times (C-C_0)$

　　　$= \varepsilon/(u+v) \times v \times S = v/(u+v) \times \varepsilon \times S = v/(u+v) \times I$

　　$I - (S_0 - (C-C_0)) = I - v/(u+v) \times I = (1-v/(u+v)) \times I = u/(u+v) \times I$ ■

系 g-38　　　$(I - I_0) : I_0 = u : v$

説明1)　$u : v =$ 資産所得と雇用者分配の比（系 g-36）

　　　　　　　　$=$ 資産所得からの投資と雇用者分配からの投資

　　　　　　　（=貯蓄）の比（系 g-38）

　　（S_0 は、第7章で検証する。I_0 と雇用者貯蓄の関係は未確認）

以上より、$S - S_0 = (S_F$ 即ち 資産所得による信用創造額）

　　　　　　　　$S_0 = (S_0$ 即ち 雇用者分配による信用創造額）

　　　　　　$I - I_0 = (S_F$ の中からの投資額）

　　　　　　　　$I_0 = (S_0$ 即ち 雇用者分配の中の貯蓄による投資額）、

説明2)　$I = \varepsilon/(1-\varepsilon) \times S_F + \varepsilon/(1-\varepsilon) \times (C-C_0)$

　　　　$C - C_0$ は、実物市場に特殊化された価値である。

　　　　S_F は、資産市場に特殊化された価値である。

　　　　資産の投資効果　$\varepsilon/(1-\varepsilon)$ は、実物市場で決定される。

　　　　（S_0 と雇用者所得との相関を前提とする）

・I に対する影響：

　　　$\zeta > 1 (u > v)$ 信用創造の中で資産取引分の影響が大。

　　　$\zeta < 1 (u < v)$ 信用創造の中で商品取引分の影響が大。

命題 g-39　　投資関数　$I = \varepsilon \times S$　に関して、

　　　　　　　　$(I - I_0 、 S_0 、 C - C_0)$

　　は、資産市場と実物市場により正規化されている。

証明)

　　$(S、I、C - C_0)$ から $(I - I_0 、 S_0 、 C - C_0)$ の生成：

　　　定義により、明らか。

　　$(I - I_0 、 S_0 、 C - C_0)$ から、$(S、I、C - C_0)$ の生成：

　　　命題 g-17より、　$I_0 = S_0 - (C - C_0)$

　　　定義により、　　　$\varepsilon = I_0/S_0$

　　　一方、　　　$I = (I - I_0) + I_0$　　故に、　$S = I/\varepsilon$

　　　以上から、$(S、I、C - C_0)$ が生成される。　■

説明)　実物市場：$S_0 、 C - C_0 、 I_0$

　　　　資産市場：$I - I_0$

命題 g-40　　$S = (1 + \zeta) \times S_0$

　　　　　　　$I = (1 + \zeta) \times I_0$

証明)　系 g-36、系 g-38 より、明らか　■

補題 g-41　　$Y - C_0 = (1 + \zeta \times \varepsilon) \times S_0$
証明)
$$Y - C_0 = Y - C + (C - C_0) = I + (C - C_0)$$
定義により、　　　$= \varepsilon \times S + (1 - \varepsilon) \times S_0$
命題g-40より、　$= \varepsilon \times (1 + \zeta) \times S_0 + (1 - \varepsilon) \times S_0 = (1 + \zeta \times \varepsilon) \times S_0$　■

命題 g-42　　$\varepsilon/w (= \varepsilon/(1 - \gamma)) = 1/(1 + \zeta \times \gamma)$
証明)
　補題g-41より、　$Y - C_0 = (1 + \zeta \times \varepsilon) \times S_0$
　定義により、　　　　　$= (1 + \zeta \times \varepsilon) \times (C - C_0)/(1 - \varepsilon)$
　命題24より、　　$C - C_0 = \gamma \times (Y - C_0)$
　したがって、　　　　$1 = (1 + \zeta \times \varepsilon) \times \gamma/(1 - \varepsilon)$
　故に、　　　　　$\varepsilon/(1 - \gamma) = 1/(1 + \zeta \times \gamma)$　　　■
系 g-43　　$\varepsilon/w = S_0/(Y - C_0)$

命題 g-44　　$S_F/S_R = w/\varepsilon - 1$　　$(\geqq 0$、　命題 g-31)
証明)
　$S_F/S_R = (S - S_R)/S_R = S/S_R - 1 = I/\varepsilon/(I/w) - 1 = w/\varepsilon - 1$　■
説明)　投資乗数　ε/w　増加　$\Leftrightarrow$　S_F 減少　或いは S_R 増加
　　　　投資乗数　ε/w　減少　$\Leftrightarrow$　S_F 増加　或いは S_R 減少

命題 g-45　(1) $u = v$　$\Leftrightarrow$　$\varepsilon/w = (1 - 2 \times v/w + \sqrt{D})/2$
　　　　　　(2) $u < v$　$\Leftrightarrow$　$\varepsilon/w > (1 - 2 \times v/w + \sqrt{D})/2$
　　　　　　(3) $u > v$　$\Leftrightarrow$　$\varepsilon/w < (1 - 2 \times v/w + \sqrt{D})/2$
　　　　　　　　　　　(但し、　　$D = 4 \times (v/w)^2 + 1$)
証明)
　$y = \varepsilon/w$、　$x = v/w$　とする。
　定義より、　　　$S_R/S = I/S + (C - C_0)/S = \varepsilon + v$
　命題g-44 より、　$S_F/S_R = w/\varepsilon - 1$
　故に、　$u/v = S_F/(C - C_0) = S_F/S_R \times S_R/(C - C_0)$
　　$= (w/\varepsilon - 1) \times S_R/S \times S/(C - C_0) = (w/\varepsilon - 1) \times (\varepsilon + v)/v$
　故に、　　$u = v$　$\Leftrightarrow$　$\varepsilon^2 + (2 \times v - w) \times \varepsilon - w \times v = 0$
　　　　　　$u < v$　$\Leftrightarrow$　$\varepsilon^2 + (2 \times v - w) \times \varepsilon - w \times v > 0$
　　　　　　$u > v$　$\Leftrightarrow$　$\varepsilon^2 + (2 \times v - w) \times \varepsilon - w \times v < 0$
　或いは、　$u = v$　$\Leftrightarrow$　$y^2 + (2 \times x - 1) \times y - x = 0$
　　　　　　$u < v$　$\Leftrightarrow$　$y^2 + (2 \times x - 1) \times y - x > 0$
　　　　　　$u > v$　$\Leftrightarrow$　$y^2 + (2 \times x - 1) \times y - x < 0$
　　判別式　$D = (2 \times x - 1)^2 + 4 \times x = 4 \times x^2 + 1 > 0$
　　2次方程式の解　$y = (1 - 2 \times x \pm \sqrt{D})/2$

解 $y = (1 - 2 \times x + \sqrt{D})/2$ の範囲：

$f(x) = 1 - 2 \times x + (4 \times x^2 + 1)^{1/2}$

$df/dx = -2 + 4 \times x/(4 \times x^2 + 1)^{1/2}$

$= (4 \times x - 2 \times (4 \times x^2 + 1)^{1/2})/(4 \times x^2 + 1)^{1/2} < 0$

故に、$f(x)$ は、減少関数で、$x = 0$ で、最大値 $f(0) = 2$

一方、$df/dx(x) = 0$ は、解がないため、$0 < f(x) < 2$

解 $y = (1 - 2 \times x - \sqrt{D})/2$ の範囲：

$f(x) = 1 - 2 \times x - (4 \times x^2 + 1)^{1/2}$

$df/dx = -2 - 4 \times x/(4 \times x^2 + 1)^{1/2} < 0$

故に、$f(x)$ は、減少関数で、$x = 0$ で、最大値 $f(0) = 0$

したがって、 この場合は、有り得ない。

以上より、(1)、(2)、(3) を得る。■

説明）図2-1、2-2 参照。

(1) $u=v$: X点は、$\zeta = 1$ 線上

(2) $u<v$: X点は、$\zeta = 1$ の上側（図2-1）

(3) $u>v$: X点は、$\zeta = 1$ の下側（図2-2）

$(1 - 2 \times v/w + \sqrt{D})/2$ は、v/w に関する減少関数。故に、$u>v$ の場合信用の消費傾向 v が増加すると信用乗数 ε/w の上限は減少する。

例） $Y = 1000$、 $C = 700$、 $A = 100$ とする。

$\gamma = (C-A)/Y = 0.6$、 $w = 1-\gamma = 0.4$、$C_0 = A/(1-\gamma) = 250$、

$C - C_0 = 450$、 $S_R = Y - C_0 = 750$、 $I = Y - C = 300$

(1) $u = v$ の場合 $S_F = 450$ とする。

$S = S_F + S_R = 1200$、 $\varepsilon = I/S = 0.25$、$u = S_F/S = 0.375$、

$v = (C - C_0)/S = 0.375$、 $\varepsilon/w = 0.625$、 $v/w = 0.9375$

$D = 4 \times (v/w)^2 + 1 = 4 \times 0.9375 \times 0.9375 + 1 = 4.515625$

$\varepsilon/w = (1-2 \times v/w + \sqrt{D})/2 = (1-2 \times 0.9375 + 4.515625^{1/2})/2 = 0.625$

(2) $u < v$ の場合 $S_F = 400$ とする。

$S = S_F + S_R = 1150$、 $\varepsilon = I/S = 0.261$、$u = S_F/S = 0.348$、

$v = (C-C_0)/S = 0.391$、 $\varepsilon/w = 0.653$、$v/w = 0.978$

$D = 4 \times (v/w)^2 + 1 = 4 \times 0.978 \times 0.978 + 1 = 4.826$

$\varepsilon/w > (1 - 2 \times v/w + \sqrt{D})/2 = 0.620$

(3) $u > v$ の場合 $S_F = 500$ とする。

$S = S_F + S_R = 1250$、 $\varepsilon = I/S = 0.24$、$u = S_F/S = 0.4$、

$v = (C-C_0)/S = 0.36$、 $\varepsilon/w = 0.6$、 $v/w = 0.9$

$D = 4 \times (v/w)^2 + 1 = 4 \times 0.9 \times 0.9 + 1 = 4.24$

$\varepsilon/w < (1 - 2 \times v/w + \sqrt{D})/2 = 0.630$

例） 第7章参照

［信用生成関数］　　$S = \tau \times S_R + (C-C_0)$

　　　　　　　　　　τ：信用生成傾向

　　　　　　　　　　$S_X = (C-C_0)/(1-\tau)$

命題 g-46　　$\tau = (1 - v)/(1 - u)$

証明)

　定義より、$1 = \tau \times S_R/S + (C-C_0)/S = \tau \times (1 - (S-S_R)/S) + v$

　　　　　　　　$= \tau \times (1 - S_F/S) + v = \tau \times (1 - u) + v$

　故に、　　　$\tau = (1 - v)/(1 - u)$　　■

系　g-47　　$\tau < 1$　　　$\Leftrightarrow$　　　$\zeta < 1$

　　　　　　　$\tau = 1$　　　$\Leftrightarrow$　　　$\zeta = 1$

　　　　　　　$\tau > 1$　　　$\Leftrightarrow$　　　$\zeta > 1$

命題 g-48　　$\tau < 1$　$\Rightarrow$　$S < (C-C_0)/(1-\tau)$

証明)

　$(C-C_0)/(1-\tau) - S = (C-C_0)/(1-\tau) - \tau \times S_R - (C-C_0)$

　　　　　　　　　　　$= (C-C_0) \times \tau/(1-\tau) - \tau \times S_R$

　　　　　　　　　　　$= \tau/(1-\tau) \times ((C-C_0) - (1-\tau) \times S_R)$

　　　　　　　　　　　$> \tau/(1-\tau) \times (S - S_R)$

　　　　　　　　　　　> 0　　　　　　　　■

図2-1 $\zeta<1$($\tau<1$) の場合：

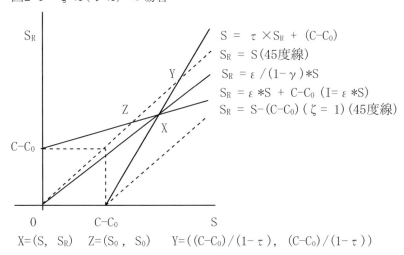

$S = \tau \times S_R + (C-C_0)$
$S_R = S$ (45度線)
$S_R = \varepsilon/(1-\gamma)*S$
$S_R = \varepsilon*S + C-C_0$ ($I=\varepsilon*S$)
$S_R = S-(C-C_0)$ ($\zeta=1$)(45度線)

$X=(S, S_R)$ $Z=(S_0, S_0)$ $Y=((C-C_0)/(1-\tau), (C-C_0)/(1-\tau))$

図2-2 $\zeta>1$($\tau>1$) の場合：

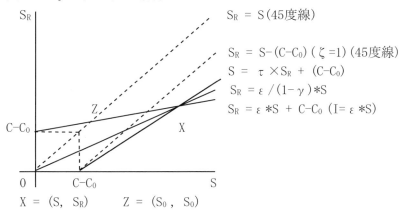

$S_R = S$ (45度線)

$S_R = S-(C-C_0)$ ($\zeta=1$)(45度線)
$S = \tau \times S_R + (C-C_0)$
$S_R = \varepsilon/(1-\gamma)*S$
$S_R = \varepsilon*S + C-C_0$ ($I=\varepsilon*S$)

$X = (S, S_R)$ $Z = (S_0, S_0)$

§4 信用創造とマクロ経済のタイプ

命題 g-49
　実業投資型マクロ経済（$\zeta < 1$）
　　$\Leftrightarrow$ 資産による信用 $<$ 雇用者分配による信用（$(S - S_0) < S_0$）
　資産投資型マクロ経済（$\zeta > 1$）
　　$\Leftrightarrow$ 資産による信用 $>$ 雇用者分配による信用（$(S - S_0) > S_0$）
証明)
　　命題 g-33 (2)、(3) より明らか　　■

命題 g-50
　$\zeta > 1$ かつ $C - C_0 > C_0$　$\Rightarrow$　$S > Y$（$S_F > C_0$）
　$\zeta < 1$ かつ $C - C_0 < C_0$　$\Rightarrow$　$S < Y$（$S_F < C_0$）
証明)
　・$\zeta > 1$　かつ $C - C_0 > C_0$ $\Rightarrow$ $S > Y$ の証明:
　　　$\zeta > 1$ より、$S_F > C - C_0$　　一方、命題 w-06 より、$C - C_0 > C_0$
　　　故に、$S_F > C_0$　　したがって、命題 g-7 より、$S > Y$
　・$\zeta < 1$ かつ フ$C - C_0 < C_0$ $\Rightarrow$ $S < Y$ の証明:上と同様■
説明)・$S < 2 \times S_0$　かつ $C < 2 \times C_0$ の場合、
　　　　　命題 g-12 より、金利（j-i）変動は増大する。
　　　・$S > 2 \times S_0$　かつ $C > 2 \times C_0$ の場合、
　　　　　命題 g-12 より、金利（j-i）変動は縮小する。

命題 g-51　　$S > Y$　かつ（j - i）$> k$　$\Rightarrow$　S++
　　　　　　　$S < Y$　かつ（j - i）$< k$　$\Rightarrow$　S+
証明)
　・$S > Y$ の場合:　（j - i）$\times S - A >$（j - i）$\times Y - A$
　　　右辺 $= Y \times$（（j - i）$- A/Y$）$= Y \times$（（j - i）$- k$）> 0
　　　故に、（j - i）$\times S - A > 0$　即ち、S++ 状態
　・$S < Y$ の場合: 上記と同様　　　　　　　　　　■
説明)
　・（総信用額）>（生産額）かつ、（信用リスク）>（人的資源リスク）
　　の場合、S++ となる。
　・（総信用額）<（生産額）かつ、（信用リスク）<（人的資源リスク）
　　の場合、S+ となる。

命題 g-52　　$\gamma < 1/2$(成長型)　$\Leftrightarrow$　$w > 1/2$
　　　　　　　$\gamma > 1/2$(安定型)　$\Leftrightarrow$　$w < 1/2$
証明)
　　命題 g-27 より、明らか　　　　■

系 g-53　　γ ＜ 1/2(成長型)　⇔　w/(1 − w) ＞ 1
　　　　　　γ ＞ 1/2(安定型)　⇔　w/(1 − w) ＜ 1

補題 g-54　　$S_R = v/(1 − w) × S$
証明)
　定義より、w = 1 − $(C − C_0)/S_R$　即ち、$C − C_0 = v × S$
　故に、$S_R = (C − C_0)/(1 − w) = v/(1 − w) × S$　　■

命題 g-55　　$I = v × w/(1 − w) × S$
証明)
　定義より、$C − C_0 = v × S$　　故に、$I = Y − C = S_R − (C − C_0)$
　補題 g-54より、$= v/(1−w) × S − v × S = v × w/(1−w) × S$　　■

系 g-56　　ε = v × w/(1 − w)
説明) 投資の生成図式

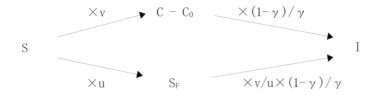

において、w(=1 − γ) = 一定 とすると、I が増加する条件は、ζ(=u/v) の減少となる。このとき、§3 図2-2における45度線ζ=1方向に交点X は移動する。

§5 人口と投資

γ（= α_0 命題4）は、最低生活水準であるため、文化的に決定されるものとし、短期的に一定と仮定する。

命題 h-1 　$\triangle Y = (\triangle I + \triangle A)/(1 - \gamma)$
　　　　　　　$\triangle C = \gamma \times \triangle Y + \triangle A$

証明)
　　　　命題20より明らか ■

説明1) 人口の増減と投資の増減の生産額に対する影響は同等。
　　　　消費の増減は、生産額増減よりも人口増減の影響が大きい。

説明2) $\triangle A = 0$ であると、現金取引 C_0 も増加しないため、信用システムの不完全性により信用の金利支払いは制限される。

系 h-2 　　$1 - \gamma = \triangle I/\triangle Y + \triangle A/\triangle Y$

説明)
・人口減少で生活水準を一定に維持するためには、投資を増加する必要がある(生産力 δ の増加)。
・人口増加で生活水準を一定に維持するためには、消費を増加する必要がある(生産力 δ の減少)。

命題 h-3 　　$G_0 = (1 - \gamma) \times (j - i) \times S/(I + A)$

証明)
　　定義により、　$G_0 = (j - i) \times S/Y$
　　　　　　　　　　　$= (1 - \gamma) \times (j - i) \times S/(I + A)$　　■

説明)
　　$\triangle I + \triangle A$ の増減による、Y の増減効果と、G_0 の増減効果は、作用は逆であるが、何れも $1/(1 - \gamma)$ である。

補題 h-4 　　$\triangle A = 0 \Leftrightarrow \triangle Y = \triangle I/(1 - \gamma)$
　　　　　　　　　　$\Leftrightarrow \triangle C = \gamma \times \triangle I/(1 - \gamma)$

証明) 　定義と命題 h-1 より明らか。　　■

以下、$\triangle A = 0$(人口一定) と仮定する。

命題 h-5 ($\triangle A = 0$)
　1) $\lambda > 1$ 　$\Leftrightarrow$ 　$(j - i) \times S < \triangle I/(1 - \gamma)$
　2) $\lambda \leqq 1$ 　$\Leftrightarrow$ 　$(j - i) \times S \geqq \triangle I/(1 - \gamma)$

証明)

補題 h-4、及び定義により、

$$\lambda = \triangle Y/Y \ / \ G_0$$
$$= \triangle I/(1 - \gamma) \ / \ Y \times Y \ / \ ((j - i) \times S)$$
$$= \triangle I/(1 - \gamma) \ / \ ((j - i) \times S)$$

これより、明らか　　　　　　　　　　■

系 h-6 ($\triangle A = 0$)
1) $\lambda > 1$　　$\Leftrightarrow$　$(j - i) \times S < \triangle C/\gamma$
2) $\lambda \leqq 1$　　$\Leftrightarrow$　$(j - i) \times S \geqq \triangle C/\gamma$

説明)
・$\gamma < 1/2$：　Iの増減の影響 ＜ Cの増減の影響
・$\gamma > 1/2$：　Iの増減の影響 ＞ Cの増減の影響

命題 h-7 ($\triangle A = 0$)
1) $\lambda > 1$　　$\Leftrightarrow$　$(j - i) < \varepsilon/w \times \triangle I/I$
2) $\lambda \leqq 1$　　$\Leftrightarrow$　$(j - i) \geqq \varepsilon/w \times \triangle I/I$

証明)
定義により、　$\varepsilon/w \times \triangle I/I = I/S \times \triangle I/I \ / \ w$
$$= \triangle I/S/(1 - \gamma)$$

したがって、命題 h-5 より明らか　■

説明)
$\varepsilon/w = (S_0$ の貯蓄率$)/(Y-C_0$ の貯蓄率$)$（命題g-27、g-30）
ε/wは、資産投資の乗数効果で、Y/Sと相関が高い(7章図7-3)。

系 h-8 ($\triangle A = 0$)
1) $\lambda > 1$　　$\Leftrightarrow$　$(j - i) < v/\gamma \times \triangle I/I$
2) $\lambda \leqq 1$　　$\Leftrightarrow$　$(j - i) \geqq v/\gamma \times \triangle I/I$

証明)
系 g-56 より、明らか　■

説明)
A と γ を一定とすると、経済健康度良($\lambda > 1$)のためには、
信用による消費傾向=増加、或いは、$\triangle I/I$=増加 が必要。

§6 信用と雇用者所得

γ = 一定、 ε = 一定(S_0 の貯蓄率一定)、 $\triangle A = 0$ とする。

命題 g-42 より、 ζ = 一定(S/S_0 が一定) となる。

補題 h-9　　$\triangle S = (1 + \zeta) \times \triangle S_0$
　　　　　　　　$\triangle S/S = \triangle S_0/S_0$
証明)
　命題 g-40 より、明らか　　■

補題 h-10　　$\triangle S = \triangle S_F + \triangle Y$
証明)
　定義により、　$S = S_F + S_R = S_F + (Y - C_0)$
　一方、 $\triangle A = 0$ より、 $\triangle C_0 = 0$、故に、 $\triangle(Y - C_0) = \triangle Y$ ■

補題 h-11　　$\triangle S_F = \zeta \times \triangle C = \zeta \times \gamma \times \triangle Y$
証明)
　定義より、　$\zeta = u/v = S_F/S/((C - C_0)/S) = S_F/(C - C_0)$
　補題h-4 より、　$\triangle S_F = \zeta \times \triangle C = \zeta \times \gamma \times \triangle Y$　　■

命題 h-12　　$\triangle S = (\zeta \times \gamma + 1) \times \triangle Y$
証明)
　　補題h-10、補題h-11 より、明らか　　■

命題 h-13　1)　$\lambda > 1$　$\Leftrightarrow$　$(j - i) < 1/(1 + \zeta \times \gamma) \times \triangle S/S$
　　　　　　2)　$\lambda \leqq 1$　$\Leftrightarrow$　$(j - i) \geqq 1/(1 + \zeta \times \gamma) \times \triangle S/S$
証明)
　補題h-4 より、　　$\triangle I = (1 - \gamma) \times \triangle Y$
　命題h-12 より、　　　　$= (1 - \gamma)/(1 + \zeta \times \gamma) \times \triangle S$
　故に、　$\triangle I/(1 - \gamma) = 1/(1 + \zeta \times \gamma) \times \triangle S$
　命題h-5 により、1)、2) を得る。　■
説明)
　・　$1/(1 + \zeta \times \gamma) = \varepsilon/(1 - \gamma)$ （信用乗数 命題g-42）
　　　Y/Sと相関が高い(7章図7-3)。
　・　$1/(1 + \zeta \times \gamma) = \triangle Y/\triangle S = (\triangle Y - \triangle A)/\triangle S$ となるため、
　　　$1/(1 + \zeta \times \gamma) = $（労働の付加価値の増分）/（信用の増分）
　・　信用水準 $\zeta (=u/v)$ が高いと、$\triangle S$ の増減効果は減衰される。

系 h-14　1)　$\lambda > 1$　$\Leftrightarrow$　$(j - i) < 1/(1 + \zeta \times \gamma) \times \triangle S_0/S_0$

　　　　2)　$\lambda \leqq 1$　$\Leftrightarrow$　$(j - i) \geqq 1/(1 + \zeta \times \gamma) \times \triangle S_0/S_0$

証明)

　　補題h-9、命題h-13 より、明らか　■

命題 h-15　1)　$\lambda > 1$　$\Leftrightarrow$　$(j - i) < \varepsilon/(1 - \gamma) \times \triangle S/S$

　　　　　2)　$\lambda \leqq 1$　$\Leftrightarrow$　$(j - i) \geqq \varepsilon/(1 - \gamma) \times \triangle S/S$

証明)　命題g-42、h-13 より明らか　■

説明)

　　$\varepsilon/(1-\gamma)$ = (最低投資水準)/($Y-C_0$ の貯蓄率)（命題g-27、g-30)

系 h-16　　1)　$\lambda > 1$　$\Leftrightarrow$　$(j - i) < \varepsilon/(1 - \gamma) \times \triangle S_0/S_0$

　　　　　2)　$\lambda \leqq 1$　$\Leftrightarrow$　$(j - i) \geqq \varepsilon/(1 - \gamma) \times \triangle S_0/S_0$

説明)　代表金利 $j - i$ として、長期プライムレート(i項=0)を代入
　　すると、GDPの状態を決定するものは、信用増減の投資分であっ
　　て、資産・負債の増減ではないことが分かる(第7章§1参照)。

命題 h-17　$S_F = 0$ とすると、

　　　1)　$\lambda > 1$　$\Leftrightarrow$　$(j - i) < \triangle(Y - C_0)/(Y - C_0)$

　　　2)　$\lambda \leqq 1$　$\Leftrightarrow$　$(j - i) \geqq \triangle(Y - C_0)/(Y - C_0)$

証明)

　$S = Y - C_0$ となり、命題g-21、補題h-10、命題h-15より明らか■

説明)　$\triangle(Y - C_0)/(Y - C_0)$ = 競争由来の生産成分の増加率

例)　$\gamma = 0.5$、　$A = 100$　とし、変化しないとする。

　前年度 = {　$S = 1775$、$Y = 900$、$C = 550$、$I = 350$

　　　　　　　$C_0 = 200$、$u = 0.49$、$v = 0.20$、$\zeta = 2.5$ }

　当年度1 = {$\lambda > 1$、$S+$、名目成長 > 0 } の場合

　　$S = 2000$、　$Y = 1000$、　$j-i = 0.04$　とする。

　　$\triangle S = 225$、$\triangle S/S = 0.11$、$\triangle Y = 100$、$G = 0.10$

　　$C = 600$、$I = 400$、$C_0 = 200$、$C-C_0 = 400$、$\varepsilon = 0.20$

　　$I/(1-\gamma) = 800$、$\triangle I = 50$、$\triangle I/(1-\gamma) = 100$、$\triangle I/I = 0.125$

　　$u = 0.50$、$v = 0.20$、$\zeta = 2.50$、$\zeta \times \gamma = 1.25$

　　$(j-i) \times S = 80$、　$G_0 = 0.08$

　　・$G - G_0 = 0.02 > 0$　したがって、$\lambda > 1$

　　・$(j-i) \times S - A = -20 < 0$　したがって、$S+$

　　・名目成長 = $\triangle I/(1-\gamma) - (j-i) \times S = 20 > 0$

　　・$\varepsilon/(1 - \gamma) \times \triangle I/I = 0.05 > j-i$

　　・$1/(1 + \zeta \times \gamma) \times \triangle S/S = 0.05 > j-i$

当年度2 ＝ ｛ λ ＝ 1、 （j−i）×S ＝ A、名目成長 ＝ 0 ｝ の場合

  S ＝ 2000、 Y ＝ 1000、 j−i ＝ 0.05 とする。

  $\triangle$S ＝ 225、$\triangle$S/S ＝ 0.11、$\triangle$Y ＝ 100、G ＝ 0.10

  C ＝ 600、I ＝ 400、C_0 ＝ 200、C−C_0 ＝ 400、ε ＝ 0.20

  I/(1−γ) ＝ 800、$\triangle$I ＝ 50、$\triangle$I/(1−γ) ＝ 100、$\triangle$I/I ＝ 0.125

  u ＝ 0.50、v ＝ 0.20、ζ ＝ 2.50、ζ×γ ＝ 1.25

  （j−i）×S ＝ 100、 G_0 ＝ 0.10

  ・G − G_0 ＝ 0 したがって、λ ＝ 1

  ・（j−i）×S − A ＝ 0

  ・名目成長 ＝ $\triangle$I/(1−γ) − （j−i）×S ＝ 0

  ・ε/(1 − γ)×$\triangle$I/I ＝ 0.05 ＝ j−i

  ・1/(1 ＋ ζ×γ)×$\triangle$S/S ＝ 0.05 ＝ j−i

当年度3 ＝ ｛ λ ＜ 1、 S++、名目成長 ＜ 0 ｝ の場合

  S ＝ 2200、 Y ＝ 1089、 j−i ＝ 0.09 とする。

  $\triangle$S ＝ 425、$\triangle$S/S ＝ 0.19、$\triangle$Y ＝ 189、G ＝ 0.17

  C ＝ 640、I ＝ 444.5、C_0 ＝ 200、C−C_0 ＝ 444.5、ε ＝ 0.20

  I/(1−γ) ＝889、$\triangle$I ＝ 94.5、$\triangle$I/(1−γ) ＝ 180、$\triangle$I/I ＝0.213

  u ＝ 0.51、v ＝ 0.20、ζ ＝ 2.50、ζ×γ ＝ 1.25

  （j−i）×S ＝ 198、 G_0 ＝ 0.18

  ・G − G_0 ＝ −0.01 ＜ 0 したがって、λ ＜ 1

  ・（j−i）×S − A ＝ 98 ＞ 0 したがって、 S++

  ・名目成長 ＝ $\triangle$I/(1−γ) − （j−i）×S ＝ −9

  ・ε/(1 − γ)×$\triangle$I/I ＝ 0.086 ＜ j−i

  ・1/(1 ＋ ζ×γ)×$\triangle$S/S ＝ 0.086 ＜ j−i

当年度4 ＝ ｛ λ ＞ 1、 S++、名目成長 ＞ 0 ｝ の場合

  S ＝ 2200、 Y ＝ 1089、 j−i ＝ 0.06 とする。

  $\triangle$S ＝ 425、$\triangle$S/S ＝ 0.19、$\triangle$Y ＝ 189、G ＝ 0.17

  C ＝ 644.5、 I ＝ 444.5、C_0 ＝ 200、C−C_0 ＝ 444.5、ε ＝ 0.20

  I/(1−γ) ＝889、$\triangle$I ＝ 94.5、$\triangle$I/(1−γ) ＝ 189、$\triangle$I/I ＝0.213

  u ＝ 0.51、v ＝ 0.20、ζ ＝ 2.50、ζ×γ ＝ 1.25

  （j−i）×S ＝ 132、 G_0 ＝ 0.12、

  ・G − G_0 ＝ 0.05 ＞ 0 したがって、λ ＞ 1

  ・（j−i）×S − A ＝ 32 ＞ 0 したがって、 S++

  ・名目成長 ＝ $\triangle$I/(1−γ) − （j−i）×S ＝ 57

  ・ε/(1 − γ)×$\triangle$I/I ＝ 0.09 ＞ j−i

  ・1/(1 ＋ ζ×γ)×$\triangle$S/S ＝ 0.09 ＞ j−i

第3章　負債から見た金融

銀行(貨幣発行主体)の負債の面から金融システムを考察する。

§1　間接金融の構造

直接金融=貨幣発行を伴わない融資
間接金融=貨幣発行を伴う融資
銀行の負債=(直接金融に対する負債)+(間接金融に対する負債)
　　　　　=(貨幣以外の負債)+(貨幣)
説明1)銀行負債の上記の2種類の分割は一致しない。
説明2)直接金融の原資は貨幣流通による資産価格上昇に由来する。

[定義]　貨幣量 M = A + B　(負債)
　　　　A = 発行銀行券 + 流通現金額 − 銀行保有現金
　　　　　(= 銀行の負債としての現金 − 資産としての現金)
　　　　B = 預金量
　　　　貨幣の1次運用 ： $\triangle M/\triangle S=1$ となる信用創造
　　　　貨幣の2次運用 ： $\triangle M=0$ かつ $\triangle S>0$ となる信用創造
例)　M = M2+CD
　　　貨幣の1次運用 ： 貨幣発行による融資
　　　貨幣の2次運用 ： 預金額相当の貨幣又貸し

命題 m-1　銀行の融資(Sの増加)は、貨幣1次運用と2次運用いずれ
　か、或いはこれらの組合せである。
証明)
　融資の原資は、貨幣発行或いは預金であることによる ■
説明1)個々の融資について、上記の区分は観測されない。
説明2)貨幣に対する2つの選択。
　　貨幣需要側：使用か、保持。
　　貨幣供給側：新規発行か、既存貨幣利用。
　　本章では、供給側の構造で考察する。

[定義]　リソース ： 銀行の負債であり、貨幣の1次運用或いは
　　　　　　　　　　2次運用いずれかの元になる価値
説明)リソースであるためには、勘定項目でなくても、金額と運用
　属性が確定可能であればよい。即ち、観測されない価値でも有
　り得る。

命題 m-2　M は、銀行の負債である。

証明)

　　貨幣のフローは、以下のとおりであることより明らか

　　　　中央銀行貨幣発行　→　銀行(負債)

　　　　銀行保有現金　→　中央銀行預金(資産)＋手持ち現金(資産)

　　　　預金　→　銀行　＝　負債　　　　　　　■

系 m-3　S ≧ M

説明)発行貨幣は銀行の「負債」で、この価値は融資対象による。

命題 m-4　(貨幣の2次運用額) ＝ S － M

　　　　　S-M ＝ (2次運用リソース)

証明)

　　定義より、明らか　■

説明)　S-M は金額のみ確定できる。具体的な勘定項目は不明でも、
　リソースとして扱うことは可能である。

命題 m-5　　M ≧ S_0

　　　　　　S_0 ： 雇用者分配所得額として、負債

　　　　　　S_0 ＝ (Sの最小値として、1次運用リソース)

証明)

　　S_0 は、最低信用額であることより、貨幣量を超えない。

　　故に、　M ≧ S_0　となり、1次運用リソースとなる。　　■

説明)　M　：負債＝発行貨幣、資産＝融資

　　　　S_0　：負債＝預金、資産＝最低信用額

　　　　S-M：2次運用リソース。資産＝融資＝S-M、負債＝貨幣以外

命題 m-6　(労働の付加価値)＞0　⇔　S_0 ＞ 0

証明)

　=>：Y-A ＞ 0 より，　C ＞ A　故に，　γ ＞ 0　即ち C ＞ C_0

　　　　故に、　S_0 ＝ $(C － C_0)/(1－ε)$＞0

　<=：C － C_0＞0 より、γ ＞ 0　故に、Y － A ＞ C － A ＞ 0 ■

系 m-7　(労働の付加価値)＝0　⇔　S_0 ＝ 0

命題 m-8　(貨幣使用の交換回数)＞0　⇔　　S-M ＞ 0

証明)

　S ＝ M　⇔　(貨幣流通速度) ＝ 1　⇔　(貨幣使用の交換回数)＝0

　より、明らか ■

系 m-9　(貨幣使用の交換回数) ＝ 0　⇔　　S-M ＝ 0

［貨幣供給関数］　$M = \omega \times S + S_0$　　　　　　　　（p.59　図3-1、3-2）

　　　　S ： 総信用額、M ： Sの貨幣量、S_0 ： 最低信用額

　　　　ω ： 貨幣供給傾向 $(= (M - S_0)/S)$

説明）貨幣2次運用による流通額は間接的に信用額に反映される。

　　但し、$S/M/S_0$ の仕様は各通貨圏及びその時代の経済構造に依存

　　する。（例　第10章、第11章）

命題 m-10　$M = S$　$\Leftrightarrow$　$S = S_0/(1-\omega)$

証明）

　　貨幣供給関数の定義より、明らか　　■

命題 m-11　　$\omega = 0$　$\Leftrightarrow$　$M = S_0$

証明）

　　貨幣供給関数の定義より、明らか　　■

［定義］2次運用リソース　$Ss = S - M$

　　　　1次運用リソース　$Sf = S_0$

　　　　2次運用信用総額 $= Ss/(1-\omega)$

　　　　1次運用信用総額　$M_0 = Sf/(1-\omega)$

　　　　貨幣1次運用リスク　$m1 = Sf/S$

　　　　貨幣2次運用リスク　$m2 = Ss/S$

説明）Ss は、金額としては観測される。

　　　Sf は、直接観測されない。

命題 m-12　$S = Ss/(1-\omega) + Sf/(1-\omega)$

証明）

　　定義により、　　$M = S - Ss = \omega \times S + S_0$

　　したがって、　　$S = Ss/(1-\omega) + Sf/(1-\omega)$　■

説明1）貨幣流通効果は、運用リソースの属性と無関係であるので

　　乗数効果は、1次も2次も同等である。

説明2）$S = $（1次運用信用総額）＋（2次運用信用総額）

　　　　$S - S_0 = $ リソースの運用により新たに発生した信用総額

　　　　$Ss/(1-\omega) = $ 交換に由来する信用額（§4、5）

　　　　$Sf/(1-\omega) = $ 貨幣選好に由来する信用額（§4、5）

説明3）$Ss=0$ 即ち、　$M = S$ かつ　$\varepsilon = 1-\gamma$ とすると、

　　　　　　　$S = S_R = Y - C_0$

　　故に、　　　$M = S = Y - C_0 = \omega \times (Y - C_0) + S_0$

　　　　　　　　　　　$= \omega \times (Y - C_0) + (C-C_0)/(1-\varepsilon)$

$$= \omega \times (Y - C_0) + (C - C_0) / \gamma$$

したがって、　　　$(C - C_0) / \gamma = (1 - \omega) \times (Y - C_0)$

故に、　　　$C = (1 - \omega) \times \gamma \times Y + (1 - (1 - \omega) \times \gamma) \times C_0$

　　　　　　　$= (1 - \omega) \times \gamma \times Y + (1 - (1 - \omega) \times \gamma) / (1 - \gamma) \times A$

　　　　　　　$= (1 - \omega) \times \gamma \times Y + (1 + \omega / (1 - \gamma)) \times A$

ここで、$M_0 = Sf$ とすると、$\omega = 0$

このとき、貨幣供給関数は、消費関数と同じになる。

したがって、消費関数は貨幣供給関数において、貨幣発行無しかつ、(2次運用リソース)$=0$ の場合に相当する。

命題 m-13　　$M \geqq M_0$

証明)

　$M - M_0 = \omega \times S + Sf - Sf / (1 - \omega) = \omega \times S - Sf \times \omega / (1 - \omega)$

　　　　　　　　$= \omega \times S - \omega \times M_0 = \omega \times (S - M_0) \geqq 0$　■

系 m-14　　$M - M_0 = \omega \times (S - M_0)$

命題 m-15　　$1 - \omega = m1 + m2$

証明)

　$m1 + m2 = Sf / S + Ss / S = (Sf + Ss) / S = (S_0 + S - M) / S$

　　　　　　　　　　$= 1 + (S_0 - M) / S = 1 - \omega$　■

系 m-16　$1 / (1 - \omega) = 1 / (m1 + m2)$

説明)　リソース運用リスク高 $\Leftrightarrow$ 貨幣供給傾向低下

　　　　リソース運用リスク低 $\Leftrightarrow$ 貨幣供給傾向上昇

命題 m-17　　$S - M_0 = m2 / (m1 + m2) \times S$

　　　　　　　　　　$M_0 = m1 / (m1 + m2) \times S$

証明)

　　$S - M_0 = S - Sf / (1 - \omega) = (S \times (1 - \omega) - Sf) / (1 - \omega)$

　　　　　　　　　$= (1 - \omega - Sf / S) / (1 - \omega) \times S$

　　　　　　　　　$= (1 - \omega - m1) / (1 - \omega) \times S$

　　　命題m-15より、$= (m1 + m2 - m1) / (1 - \omega) \times S$

　　　　　　　　　$= m2 / (m1 + m2) \times S$

　$M_0 = S - (S - M_0) = S - m2 / (m1 + m2) \times S = m1 / (m1 + m2) \times S$　■

系 m-18　$(S - M_0) : M_0 = m2 : m1$

説明)　$S - M_0$ の成分は、貨幣供給関数グラフの45度線($M = S$)の右側に位置する。即ち、$S - M_0$ は、2次運用リソースSsの乗数効果により、発生した信用創造額($= Ss / (1 - \omega)$)を表す。

　　左側は、1次運用乗数効果である、$M_0 (= Sf / (1 - \omega))$を表す。

命題 m-19　　$M - M_0 = m2/(m1+m2) \times (M - Sf)$
　　　　　　　$M_0 - Sf = m1/(m1+m2) \times (M - Sf)$

証明)

$$M - M_0 = M - Sf/(1-\omega) = (M \times (1-\omega) - Sf)/(1-\omega)$$
$$= (M - Sf - \omega \times M)/(1-\omega)$$
$$= (1 - \omega \times M/(M - Sf))/(1-\omega) \times (M - Sf)$$
$$= (1 - M \times \omega/(M - Sf))/(1-\omega) \times (M - Sf)$$
$$= (1 - M/S)/(1-\omega) \times (M - Sf)$$
$$= (S - M)/S/(1-\omega) \times (M - Sf)$$

命題m-15より、　　$= Ss/S/(m1+m2) \times (M - Sf)$

m1の定義より、　　$= m2/(m1+m2) \times (M - Sf)$

$$M_0 - Sf = (M - Sf) - (M - M_0)$$
$$= (M - Sf) - m2/(m1+m2) \times (M - Sf)$$
$$= m1/(m1+m2) \times (M - Sf)　■$$

系 m-20　$(M - M_0) : (M_0 - Sf) = m2 : m1$

説明)　2次運用信用総額 $= (S - M) + (M - M_0)$
　　　　　　　　　　$=$ (2次運用リソース) $+$ (2次運用の流通貨幣量)
　　　　1次運用信用総額 $= (M_0 - Sf) + Sf$
　　　　　　　　　　$=$ (1次運用の流通貨幣量) $+$ (1次運用リソース)

命題 m-21　M_0 は、(S, M_0, Sf) として、超経験主義的価値である。

証明)

　$(S, M, Sf) => (S, M_0, Sf)$：定義により明らか。

　$(S, M_0, Sf) => (S, M, Sf)$：

　　定義　$M_0 = Sf/(1-\omega)$　より、　$\omega = 1 - Sf/M_0$ を得る。

　　故に、　$\omega \times S + Sf = (1 - Sf/M_0) \times S + Sf$
　　　　　　　　　　　　　　$= (M_0 - Sf) \times S/M_0 + Sf$

　　命題 m-19より、　$= m1/(m1+m2) \times (M - Sf) \times (m1+m2)/m1 + Sf$
　　　　　　　　　　$= M　■$

説明1)　M は、1次リソースと2次リソースが混じっているため、非正規である。

説明2)　M_0 は、貨幣供給関数グラフの45度線($M=S$)上にあり、1次運用リソースによる貨幣量を意味する。信用総額と1次運用信用総額により、2次運用リソースが決定される。反対に、2次運用信用総額は、45度線($M=S$)の右側に位置し、信用総額と2次運用信用総額により、1次運用リソースが決定される。

命題 m-22 （2次運用リソースと最低貨幣量の比）

$$Ss : M_0 = (1-\omega) \times m2 : m1$$

証明)

$Ss/M_0 = Ss/Sf \times Sf/M_0 = m2/m1 \times (1-\omega)$ より、明らか ■

系 m-23 （決済用貨幣量と最低貨幣量の比）

$$(M - M_0) : M_0 = \omega \times m2 : m1$$

命題 m-24 $(M_0 - Sf) : Sf = \omega : (1-\omega)$

証明)

定義より明らか ■

系 m-25 $Ss : (M - M_0) = (1-\omega) : \omega$

説明) 決済用静的キャッシュ $M_0 - Sf$

決済用動的キャッシュ $M - M_0$

命題 m-26 （Sの分割） $S : Ss : (M-Sf) : Sf = 1 : m2 : \omega : m1$

証明)

定義により、 $S : Ss : Sf = 1 : m2 : m1$

命題 m-15 より、 $1 = m2 + \omega + m1$

故に、明らか ■

系 m-27 （Sの分割）

$$S : Ss : (M-M_0) : (M_0-Sf) : Sf$$
$$= 1 : m2 : \omega \times m2/(m1+m2) : \omega \times m1/(m1+m2) : m1$$
$$= 1 : m2 : m2 \times \omega/(1-\omega) : m1 \times \omega/(1-\omega) : m1$$

証明)

系 m-20、命題 m-26より、明らか ■

説明) 国内銀行主要勘定構成例（第8章）

銀行勘定

資産	負債
現金・預け金 貸出 有価証券	預金 借入金 資本金・準備金

信託勘定

資産	負債
現金・預け金 貸出 有価証券 投資信託有価証券	信託

S ＝ 銀行勘定資産+信託勘定(貸出+有価証券)
M ＝ 預金+借入金

図3-1 (Sf > 0)

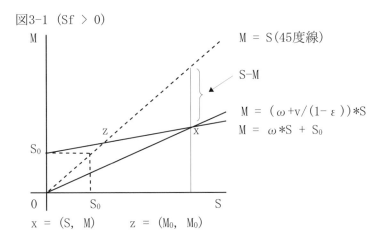

x = (S, M)　　z = (M₀, M₀)

図3-2 (Sf = 0)

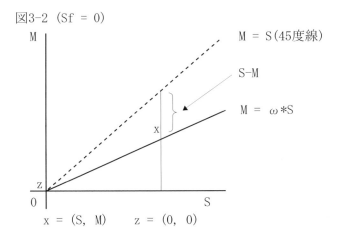

x = (S, M)　　z = (0, 0)

§2　正規化構造上の貨幣流通速度

[定義] 1次運用リソースの貨幣流通速度
$$V_1 = (1次運用信用総額の貨幣量)/(1次運用信用総額)$$
2次運用リソースの貨幣流通速度
$$V_2 = (2次運用信用総額の貨幣量)/(2次運用信用総額)$$
説明) 貨幣流通速度を資金別に分けて考察する例は、参考文献20
　　第24章にもある。

命題 m-28　1次運用リソースの貨幣流通速度　$V_1 = 1$
証明)
　　定義により、　　　1次運用信用総額 $= M_0 = Sf/(1-\omega)$
　　命題 m-14より、　1次運用信用総額の貨幣量 $= M_0$
　　したがって、　　　$V_1 = 1$　　　　　　　　　　　　　■
説明)　正規化構造上において、$V_1 = 1$　即ち、(貨幣回転数)$=0$
　　したがって、　$M_0 = $（貨幣選好の貨幣量）（§4参照）

命題 m-29　2次運用リソースの貨幣流通速度　$V_2 = 1/\omega$
証明)
　　定義により、　　　2次運用信用総額 $= Ss/(1-\omega) = S - M_0$
　　定義より、　　　　2次運用信用総額の貨幣量 $= M - M_0$
　　系 m-14 より、　$M - M_0 = \omega \times (S - M_0)$
　　したがって、　　$S - M_0 = 1/\omega \times (M - M_0)$　　■
説明1)　ここでの貨幣流通速度は、金融リソースに特殊化された
　　構造上のものである。実際の貨幣流通はリソースの由来と無関
　　係である。
説明2)　貨幣流通速度が変化するのは、2次運用リソースの場合で
　　その変化は価格と関係するが、実物経済と資産市場両方に関わ
　　る。（第8章 参照）

命題 m-30　$(Ss + Sf)/(M - Sf) = 1/\omega - 1(= V_2 - 1)$
証明)
　　$(Ss + Sf)/(M - Sf) = (Ss/S + Sf/S) \times S/(M - Sf)$
　　　$= (m2 + m1)/\omega = (1 - \omega)/\omega = 1/\omega - 1$　　■
系 m-31　$(1 + Ss/M)/(1 - Sf/M) = 1/\omega (= V_2)$
説明1)　ω の変動は、双曲線グラフの特徴により、減少の方が増加
　　よりも影響が大で、特に、$1/2$ 以下になると $1/\omega$ は急激に増加
　　する。（次頁 図3-3）
説明2)　$\omega \to 0$ になる場合は、$Sf/M \to 1(S-M \to \infty)$ のときである。

説明3) Mに、M2、価格に消費者物価指数をそれぞれ適用した場合、価格上昇・下降に対するωの閾値は、第8章のS/Mの仕様によると、0.30位である。（第8章　参照）

図3-3　y = 1/x - 1 のグラフ

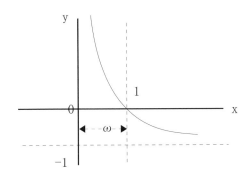

命題 m-32　S - M₀ における貨幣回転数 = (1-ω)/ω
証明）
　　貨幣回転数 = V₂ - 1 = 1/ω - 1 = (1-ω)/ω　■

命題 m-33 (Sの分割)
　　　　S : Ss : (M-M₀) : (M₀-Sf) : Sf
　　　　　= 1 : m2 : m2/(V₂ - 1) : m1×(V₂ - 1) : m1
証明）
　　系 m-25 より、明らか　■
系 m-34　　　M - M₀ = Ss/(V₂ - 1)
　　　　　　M₀ - Sf = Sf/(V₂ - 1)
説明）
　　M - M₀
　　　= Ssの2次運用リソース貨幣1回転当たりの貨幣利用量(自明)
　　　= 取引用動的貨幣量
　　M₀ - Sf
　　　= Sfの2次運用リソース貨幣1回転当たりの貨幣選好貨幣量
　　　= 取引用静的貨幣量
　　2次運用信用総額 = (S - M) + (M - M₀)
　　　　　　　　　　= (2次運用リソース) + (取引用動的貨幣量)
　　1次運用信用総額 = (M₀ - Sf) + Sf
　　　　　　　　　　= (取引用静的貨幣量) + (1次運用リソース)

　　　　貨幣量 ＝（取引用動的貨幣量）＋（取引用静的貨幣量）
　　　　　　　　＋（1次運用リソース）
　　　　S ＝（（取引用動的貨幣量）＋（取引用静的貨幣量））×V_2
　　　　　 ＝（（貨幣量）－（1次運用リソース））×V_2
　（M－Sf は非正規貨幣量で、V_2 で流通する非経験的貨幣量となる）

命題 m-35　任意の貨幣数量式 S ＝ V×M' に対して、
　　　　　　　　　Sf>0　　　=>　　M'＜M
証明）
　 M' ＝ M と仮定する。
　 S ＝ V×M ＝ Ss ＋ M であることより、 (V-1)×M ＝ Ss
　 即ち、　　　　　（貨幣回転数）×M ＝ Ss
　となるが、これは取引に貨幣全量流通することを意味する。
　これは、Sf>0 により、取引用静的貨幣量>0 と矛盾する。■
説明1) Sf=0のケースは、§4、5 参照
説明2) M_0 が貨幣選好貨幣量であることの検証方針(第8参照)
　　理論面：正規化構造において、V_1 ＝ 1 である(命題 m-28)。
　　これより、正規化構造の有効性を実証する。
　　正規化構造は、（ω、m1、m2)の変数により構成される。
　　3つの変数は、命題 m-15より自由度=2であることより、変動の動
　機については、2つについて検証すれば十分である。 m2/m1 の変
　動についても検証する。
　　・ω(=1/V_2)：価格に対して殆ど同時的に逆行することを示す。
　　　　これは、2次運用リソース M-M_0 が決済用貨幣量であることを
　　　　意味する。一方、ωの価格への影響は実経済と資産市場両方
　　　　に関係する。この影響割合は、リソースの構成比m2/m1の変動
　　　　により観察する。
　　・m1：1次運用リソース Sf(=S_0)が、長期保有預金量と相関関係が
　　　　あることを示す。そのためには、比較対象の預金量が長期保有
　　　　貨幣選好貨幣量の属性があることが必要である。
　　　　　M=M2+CDとした場合、その中の預金量に、決済用動的貨幣量、
　　　　決済用静的貨幣量、貯蓄用貨幣量が混じっているために、
　　　　金利などの経済条件による資金移動に注意し検証する必要が
　　　　ある。
　　・m2/m1：相対モデルのχ(=(1-m1)/(1-m2)、§3)の変動を観察
　　　　流通貨幣量が実物市場と資産市場に関わる割合を観察する。

§3　正規化構造上の貨幣発行

[信用供給関数]　$S = \chi \times M + Sf$

　　　貨幣信用供給傾向：　$\chi = (S - Sf)/M$

説明）　$\chi = $（貨幣発行1単位当りの流通用信用額）

命題 m-36　$\chi = (1 - m1)/(1 - m2)$

証明）

　　$1 = \chi \times M/S + Sf/S = \chi \times (1 - (S-M)/S) + Sf/S$

　　　　　　　　　　　　　　$= \chi \times (1 - m2) + m1$　より、明らか■

系 m-37　　　　$\chi < 1$　　$\Leftrightarrow$　　$m2 < m1$

　　　　　　　　$\chi = 1$　　$\Leftrightarrow$　　$m2 = m1$

　　　　　　　　$\chi > 1$　　$\Leftrightarrow$　　$m2 > m1$

系 m-38　　　　$\chi < 1$　　$\Leftrightarrow$　　$S < 2 \times M_0$

　　　　　　　　$\chi = 1$　　$\Leftrightarrow$　　$S = 2 \times M_0$

　　　　　　　　$\chi > 1$　　$\Leftrightarrow$　　$S > 2 \times M_0$

説明1)　$\chi < 1$ ：　$\triangle M > \triangle S$（間接金融依存度大）

　　　　$\chi = 1$ ：　$\triangle M = \triangle S$

　　　　$\chi > 1$ ：　$\triangle M < \triangle S$（直接金融依存度大）

説明2)　$\chi < 1$ ：　貨幣依存度が高いため実経済の割合が大

　　　　$\chi > 1$ ：　貨幣以外の資産依存度が高くなり、実経済

　　　　　　　　　　　の割合が小

説明3) ω (=1-(m1+m2)) と χ の関係

　　ω の増減の原因として、1990年以降はm2のm1に対する相対的変動
　　が考えられる。これは、χ の増減により観察可能である。

命題 m-39　$\chi < 1$　=>　$S \leqq Sf/(1 - \chi)$

証明）

　　$S = \chi \times M + Sf \leqq \chi \times S + Sf$　より、$(1 - \chi) \times S \leqq Sf$

　　したがって、　　$S \leqq Sf/(1 - \chi)$　　　　■

説明）$\chi < 1$ の場合、45度線上にSの上限値が存在する。

[定義] $\chi < 1$ のときの最大貨幣額：　$Mmax = Sf/(1 - \chi)$

命題 m-40　　$\varepsilon \times \chi \times M = I - I_0$

証明）

　　定義により、　$\chi = (S - S_0)/M$

　　命題g-18より、　$= (I - I_0)/\varepsilon/M$

　　故に、　　　　$\varepsilon \times \chi \times M = I - I_0$　　　■

系 m-41　$I = 1/u \times \varepsilon \times (1-\varepsilon) \times \chi \times M$

証明)

　命題g-37より、　$I - I_0 = u/(u+v) \times I$

　したがって、　　$\varepsilon \times \chi \times M = u/(u+v) \times I$

　命題g-26より、　　　　　$= u/(1 - \varepsilon) \times I$

　故に、　　　　　$I = 1/u \times \varepsilon \times (1-\varepsilon) \times \chi \times M$　　■

系 m-42　$I < 1/4 \times 1/u \times \chi \times M$

説明)　$\varepsilon \times (1-\varepsilon)$は、$\varepsilon < 1/2$で増加関数(命題g-31)

　χと$1/u$は相反関係のため、χ/uは$\varepsilon \times (1-\varepsilon)$より変動幅小

　即ち、Mの変動に対するIの増減はリソース構成比による影響は

　少ない。

例)第8、10、11章

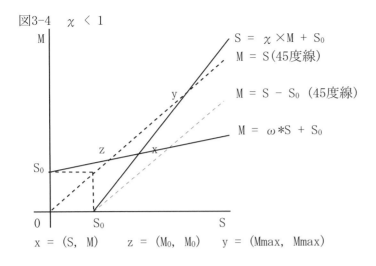

図3-4 $\chi < 1$

$S = \chi \times M + S_0$
$M = S$ (45度線)
$M = S - S_0$ (45度線)
$M = \omega * S + S_0$

$x = (S, M)$ $z = (M_0, M_0)$ $y = (Mmax, Mmax)$

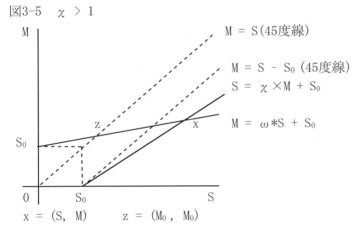

図3-5 $\chi > 1$

$M = S$ (45度線)
$M = S - S_0$ (45度線)
$S = \chi \times M + S_0$
$M = \omega * S + S_0$

$x = (S, M)$ $z = (M_0, M_0)$

§4 貨幣選好=0 のケース

S上 ： 名目金額の大小比較は、S上のものである。
Y上 ： 名目金額の大小比較は、Y上のものである。
以下、暗黙に、Y≪S を想定している。
説明)解析学の論理 ： ∞ ＞ 普通の値 ≫ 最小値の無い値 ＞ 0
　　　貨幣の論理 　： ∞ ＞ 最大値の無い値 ≫ 普通の値 ＞ 0

[定義] （貨幣選好）=0 　≡　 M_0 = 0（1次運用リソース=0）
説明1) 貨幣選好は、商品に対する貨幣固有の価値を意味し、1次
　　運用リソースの形をとる。これは、2次運用（交換手段）とは別の
　　属性である。
説明2) 実際は、 S ＞ M ≫ M_0 ＞ 0　 となり、これを M_0 = 0 とする。

命題 n-1 　（貨幣選好）=0 　〈=〉 　S_0 = 0(S_f = 0)
証明)
　　定義により、明らか　 ■
系 n-2 　（貨幣選好）=0 　〈=〉 　C = C_0
系 n-3 　（貨幣選好）=0 　〈=〉 　I_0 = 0
証明)
　　定義と、命題 n-1 より、明らか　 ■
説明1) 雇用者は賃金平準化により、（貯蓄）=0 となる。（§5）
説明2) （貨幣選好）=0 の場合、貨幣供給は取引用貨幣、及び支払い
　　対象への直接融資となる。（例 第9章参照）

命題 n-4(S_f=0) 　　M = $\omega \times$S （S = V$\times$M)
命題 n-5(S_f=0) 　　S = (S － M)/(1－ω)
命題 n-6(S_f=0) 　　V = 1/ω
命題 n-7(S_f=0) 　　(S － M)/M = 1/ω － 1(= V － 1)

[定義] 　初期発行属性 ： 　　M = $\triangle$M
説明) 初期発行時は、リソースの分離は無し。

命題 n-8 　M_0 = 0 　⇔ 　M = $\triangle$M
証明)
　=>： $\triangle$M>0 とすると、S>0 となるが、2次運用リソースの増加
　　は貨幣増加を意味しない。一方、1次運用リソース=0 故に、
　　貨幣発行は貨幣初期化を意味し、貨幣増分は貨幣全体、即ち
　　M=$\triangle$M(M≫M_0) でなければならない。

<=: 初期状態 $M=\triangle M$ においては、$M_0 = 0 (M \gg M_0)$ ■

系 n-9　$M = \triangle M$　⇔　$M \gg M_0$

説明1) $M \gg M_0$　は、額面を無視すると初期発行と同等、即ち新
　　通貨が発行可能な状態。

例) 1923年10月のレンテンマルク (第9章参照)

　　レンテンマルク　　M_0 の代替として機能

　　マルク　　　　　　$M-M_0$ (流通用) として機能。

説明2)　$M=\triangle M$ のケースは、流通に貨幣が残るため、次の取引では
　　前回よりも多量の通貨を必要とする。

[定義] 名目価値=∞　　≡　名目価値に上限が無い

　　　　　Mの名目価値 = 額面額

　　　　　Mの実質価値 = 額面で購入できる商品の実質価値

例) Mの実質価値 = 交換可能な金の量

　　　金属貨幣の実質価値は、ゼロ以外の有限値である。

補題 n-10　（実質価値）< ∞

証明)

　　実質価値は労働により生成され、人口の制約上有限値である。■

命題 n-11　$M_0 = 0$　=>　（Mの名目価値）=∞ かつ （Mの実質価値）=0

証明)

　　$y=f(x)$:　$y=$実質価値、$x=$名目価値

　　$\Delta M = M_b - M_a$　とする。

　　命題 n-8 より、$M_b = \Delta M = M_b - M_a$ となるので、$M_a/M_b \fallingdotseq 0$

　　一方、Mに上限が有ると、$M_a/M_b \fallingdotseq 0$ は、$M_a=0$ を意味するが、

　　一般には有り得ない。故に、$M = \infty$ でなければならない。

　　一方、実質価値も　$f(M_b) = f(\Delta M) = f(M_b) - f(M_a)$

　　となるが、補題 n-10 より、$f(M)$ は有限値である。

　　故に、$f(M_a)/f(M_b) \fallingdotseq 0$ であるためには、$f(M) = 0$ ■

系 n-12　（Mの名目価値）=∞　=>　（Mの実質価値）=0

系 n-13　$\triangle M = M$　=>　（Mの名目価値）=∞

系 n-14　$\triangle M = M$　=>　（Mの実質価値）=0

例) 第9章参照

§5 貨幣が価値を持つための条件

命題 n-15 （Sfの名目価値）< ∞
証明）
　Sf =（雇用者所得）であるため、実質価値(< ∞)と交換可能で
なければならない。故に、その名目価値には常に上限が存在する■

命題 n-16 $Sf > 0$ ⇔ （Mの名目価値）< ∞
証明）
　対偶にて証明する。
　$Sf = 0$ ：命題 n-8より、$\triangle M = M$、故に、系 n-12 より、明らか
　（Mの名目価値）= 0 ： 命題 n-11(対偶)より、$Sf > 0$ 　　　■

命題 n-17 （Mの実質価値）= 0 ⇔ $Sf = 0$
証明）
　=>： $Sf < M$ より、明らか
　<=： 命題 n-8、系 n-14 より、明らか■
系 n-18 （Mの実質価値）> 0 ⇔ （Mの名目価値）< ∞
　　　　　　　　　　　　　　　　⇔ $Sf > 0$
　　　　　　　　　　　　　　　　⇔ $M_0 > 0$
　　　　　　　　　　　　　　　　⇔ （預金額）> 0
　　　　　　　　　　　　　　　　⇔ （貨幣選好）> 0
　　　　　　　　　　　　　　　　⇔ $\triangle M < M$

命題 n-19 （Mの実質価値）= 0
　　　　　　　　⇔ （雇用者所得： $Sf+C_0$）= C_0 (Sf=0)
証明）
　<=： （雇用者所得： $Sf+C_0$）= C_0 から、 Sf=0 を得る。
　　　　故に、命題 n-17より、 （Mの実質価値）=0
　=>： （Mの実質価値）= 0 より、命題 n-17から、 Sf=0
　　　　故に、（雇用者所得： $Sf+C_0$）= C_0 となる■
系 n-20 （Mの実質価値）> 0 ⇔ （雇用者所得： $Sf+C_0$）> C_0
説明） （Mの実質価値）= 0 ⇔ 雇用者所得が同一
　　　　（Mの実質価値）> 0 ⇔ 雇用者所得が同一でない
　　　　　　　　　　　　　　　　　（労働の付加価値が同一でない）
例）1923年ドイツ 熟練労働者賃金/不熟練労働者賃金 = 1.055
　　（文献15 p.302-303 「七. 各種労働者の賃金平準化傾向」 より）

第4章　正規化構造上の商品と貨幣の価値
§ 1　相対量と絶対量

R^+ = ｛ゼロ以上の実数｝、　N = ｛ゼロ以上の整数｝
［定義（量）］
　　S:対象の集合
　　Sの量：関数 $f:S \to R^+$ かつ　$f(S) \neq$ ｛ 0 ｝
例）S = ｛ りんご｝　x=りんご　$f(x)$ = （xの重量）
説明）単に順位のみの対象の場合、順位に整数を対応させて、
　　数量化することが可能である。
例）美人コンクールの順位

［定義（単位量）］量 $f:S \to R^+$ において、Sの要素eが存在して、
　　$f(S)$の任意の要素 $f(x)$ が、
　　　　$f(x)$ = （$f(e)$をn回加算）
　　となるとき、eをSの単位要素、$f(e)$を単位量とする。
例）S = ｛ 整数｝　$f(x)$=（x/3の剰余）、即ち $f(S)$ = ｛0, 1, 2｝
　　e=1　とすると、$f(e)$=1 で、$f(e)$は単位量
　　e=2　も同様に単位量
説明）特に、$f(S) \neq R^+$ の場合、R^+上の $f(x)$ = $n \times f(e)$ の表現
　　と$f(S)$上の値とは異なる場合がある。即ち、$f(x)$をn回加算して
　　も、$n \times f(x)$は、$f(x)$のn倍とはならない（上の例）。

［定義（相対量）］Sの量 $f:\ \to\ R^+$ が相対量
　　$\Leftrightarrow$　$f(S)$ が算術で閉、即ち
　　　　1)Sの要素x,yに対して、　$f(x)+f(y)$ = $f(z)$ となる、
　　　　　Sの要素zが存在する。
　　　　2)Sの要素x,yに対して、　$f(x)>f(y)$ の場合、
　　　　　$f(x)-f(y)$ = $f(z)$ となるSの要素zが存在する。
例）　S = ｛ 流体の集合｝　$f(x)$ = （xの体積）
　　　N = ｛整数の集合｝　　$f(x)$ = $|x|$ （xの絶対値）
　　　但し、Nの算法と相対量の算法とは別である。
　　　$f(2)$ = $f(1)$ + $f(-1)$ $\neq$ $f(1+(-1))$ = 0
　　　N = ｛ 整数の集合 ｝　　$f(x)$ = （xの3の剰余）、即ち
　　　$f(N)$ = ｛0 ,1, 2｝
　　　この場合、Nの算法と相対量の算法とは両立する。

［定義（絶対量）］Zの量 $f:Z \to R^+$　 に対して、
　　f がZの絶対量：　$f(Z)$ が算術で閉でない、即ち
　　　　　　　　　　　　　比較のみ可能である。

例) Z = { 車の集合 }　f(x) = (エンジンの馬力)
　　　　　　　　　　　　g(x) = (燃費)
説明) 算術的に閉か、閉でないかは形式的な定義であって、具体的
　　な対象の属性とは別のもである。

命題 p-1　単位量 f(e) > 0
証明)
　　定義より、明らか　　　■

命題 p-2　量 f:S → R⁺ に単位量がある => fは相対量
証明)
　　f(e)を単位量とする。
　　f(x)+(fy): x, y∈S、f(x)=m×f(e)　f(y)=n×f(e)　とすると、
　　　　f(x)+f(y) = (m+n)×f(e) = (f(e)を(m+n)回加算)
　　　　　故に、(m+n)×f(e) = f(z) となる、z∈S が存在する。
　　f(x)-f(y): x, y ∈S、f(x)=m×f(e) > f(y)=n×f(e)　とすると、
f(x)-f(y) = (m−n)×f(e) = (f(e)を (m−n)回加算)
　　　　　故に、(m−n)×f(e) = f(z) となる、z∈S が存在する。■
系 g-3　絶対量には、単位量は存在しない。
例) 単位量の無い相対量　S={ 流体の集合 }　f(x)=(xの体積)

[定義(相対量の変換)]
　　　2つの相対量　f:S → R⁺　g:T → R⁺　に対して、関数
　　　　　h: S → T　が存在して、f(x) = g(h(x)) が成立つとき
　　　hをSからTへの変換とする。
例) S={ 流体の集合 }　f(x)=(xの体積)
　　W={ 水 }　　　　　g(x)=(xの体積)
　　h:W->S　h(x)=x　とすると、　f(h(x))=f(x)=g(x)

命題 p-4 相対量　f:S → R⁺　g:T → R⁺　変換 h:S → T
　において、　g・h:S → R⁺　は、相対量である。
証明)
　　定義により、明らか　　　■

命題 p-5　相対量　f:S → R⁺　g:T → R⁺　変換 h:S → T
　において、　g:f(S) → R⁺　は、相対量である。
証明)
　g(h(x))+g(h(y)):
　　変換の定義により、g(h(x))+g(h(y)) = f(x) + f(y)

故に、 $f(z) = g(h(z)) = f(x) + f(y) = g(h(x))+g(h(y))$
となる、$z \in S$ が存在する。
故に、$h(z)$ が、和 $g(h(x))+g(h(y))$ に対応する。
$g(h(x))-g(h(y))$: 同様。　　　　　　　　　　■

[定義（量の相対量への埋め込み）]
　量　$Z=(Z, f)$、　相対量　$R=(R, g)$ に対して、
　関数　$h:Z \to R$ が相対量への埋め込み
　　$<=>$　Zの要素 x, y に対して、$x>y$ のとき　$h(x) > h(y)$
例) $Z = \{$ 車の集合 $\}$　$f(x) = 1/(燃費)$
　$S = \{ガソリン\}$　$g(x)=(体積)$
　$h:Z \to S$　$h(x)=(体積/1km)$

命題 p-6
　絶対量 $Z_1=(Z_1,\ f_1)$、$Z_2=(Z_2,\ f_2)$
　相対量 $S=(S,\ g)$　$h1$、$h2$ をそれぞれ Z_1、Z_2 のSへの埋め込み
　とすると、　　　$Z=Z_1 \cup Z_2$、$f=f_1 \cup f_2$ は、絶対量
　　　　　　　　　　fはZのSへの埋め込みとなる。
証明)
　Z において、順序関係を以下のように定義する。
　Zの要素 $x1$、$x2$ に対して、
　　$x1, x2 \in Z_1$ のとき、$f_1(x1)$、$f_1(x2)$ の順序とする。
　　$x1, x2 \in Z_2$ のとき、$f_2(x1)$、$f_2(x2)$ の順序とする。
　　$x1 \in Z_1$、$x2 \in Z_2$ のとき、Sにおける $f_1(x1)$、$f_2(x2)$ の順序と
　　する。　■
例) $Z1 = \{$ 車の集合 $\}$　$f1(x) = 1/(燃費)$
　$Z2 = \{$ 飛行機の集合 $\}$　$f2(x) = 1/(燃費)$
　$S = \{ガソリン\}$　$g(x)=(体積)$
　とすると、$Z= Z1 \cup Z2$ は、ガソリン消費量/1kmにおいて、絶
　対量となる。

命題 p-7
　絶対量　$Z=(Z, f)$、　相対量　$R=(R, g)$ に対して、
　関数　$h:Z \to R$ を相対量への埋め込みとする。
　　　h が $1:1$　$=>$　Zは、相対量となり、その順位は
　　　　　　　　　　　Zの絶対量と両立する。
証明)
　$gh:Z \to R^+$　とすると、$Z=(Z, gh)$ は相対量となる。
　両立属性は、埋め込みの定義より明らか　■

§ 2 相対量としての商品価値

命題 p-8 人口は定数値とすると、
　　　　　基礎消費Aは、絶対量である。
証明)
　　値：A = 一人分の生存費用×人口
　　比較可能性：明らか
　　算術が閉でない：人口の固有性による。　■
説明)基礎消費は、超経験主義的価値。

命題 p-9 　競争に由来しない価値C_0 は、絶対量である。
証明)
　　定義 C_0 = A/$(1-\gamma)$=(基礎消費)+(最低生活水準に由来する価値)
　　により、C_0 は、単一で不可分のものである。　■

命題 p-10 　C_0 を生成する労働は相対価値である。
証明)
　　C_0 を生成ためには一定時間の均一な競争に由来しない労働が必
　　要である。この労働は、時間を単位として相対量となる。■

[定義]
　　不熟練労働≡競争に由来しない価値C_0 を生成する労働
　　　(就業者の能力差に依存しないで、労働時間に比例する)
　　熟練労働≡競争に由来する価値$Y-C_0$ を生成する労働
　　　(就業者の能力差に依存する労働で、労働時間に比例しない)
例)
　　不熟練労働：社会のインフラや資本量に依存しない仕事。
　　　例 商品の箱詰め作業、荷造り作業
　　熟練労働：社会のインフラや資本量に依存する仕事。
　　　資格が必要な仕事の例　電気工事士、弁護士
　　　特別な装置操縦の例　パイロット、運転手

命題 p-11 　不熟練労働は、時間を単位とした相対量である。
証明)
　　定義より明らか　■
系 p-12 　不熟練労働の分割は、一定量の時間単位による。
例)不熟練労働時間給
　　ワープロ・オペレータ　1800円/時
　　給仕従業者　　　　　　1430円/時

ビル清掃員　　　　　　　　1230円/時
　　　（日本統計年鑑 2013 p.518-519 より）
説明）現実的には、商品も労働も需給が均衡状態(45度線上)にな
　　いため、その値に差が発生する。

命題 p-13　熟練労働は、不熟練労働の和に等しい。
証明）
　　熟練労働力は、その内容により階層づけられていて、不熟練労働
　　と関連づけられることより、明らか　　■
系 p-14　　全ての労働量は、不熟練労働の時間和で表せる。
説明）不熟練労働は、複数あるが時間単位に同一の価値を持つ。
　　熟練労働も複数あるがその価値は社会構造により異なり、通貨
　　圏が異なると評価が異なる。
例1)
A国：ハードウエア技術者の賃金がソフトウエア技術者よりも高い
B国：A国の逆。
例2)　金と銀の交換レートは、ヨーロッパ地域で金が比較的高く、
　　　アジア地域で銀が比較的高い時代が過去にあった(江戸時代
　　　末期)。

命題 p-15　商品の価値は、相対量としての労働に埋め込むことが
　　　　　　できる。
証明）
　　命題p-7と、全ての商品は、労働により生産されることより
　　明らか ■
例）絶対量としての商品：家電など
　　　相対量としての商品：一般に燃料類
系 p-16　商品全体は、労働量によって相対量となる。
説明）以後、商品の価値は、特にことわらない限り労働量とする。

命題 p-17　商品の価値
　　　　　　　＝(競争に由来する価値)+(競争に由来しない価値)
証明）
　　系21より、明らか　　■
系 p-18　商品の価値 ＝（不熟練労働)+(熟練労働価値)
系 p-19　商品の価値は、不熟練労働の時間量で表せる。
証明）
　　命題p-11、系p-14 より、明らか　　■
説明）付加価値の多い商品は、熟練労働成分が多い。

例)マルサス型経済：非熟練労働中心
　　　非マルサス型経済：熟練労働中心

［定義］価格：相対量としての不熟練労働表示のN
説明)貨幣の額面 $\in$（不熟練労働表示のN）

命題 p-20　商品価格は、不熟練労働を相対量とする量である。
証明)
　　系p-16、p-19 より、明らか　　　■
説明)貨幣の額面は商品価格を表す(実質価値)。貨幣自体の価値
は、§3参照。

命題 p-21 熟練労働は、絶対量である。
証明)
　　量であること：階層付けがなされている。
　　比較可能であること：命題p-12より、不熟練労働時間により
　　　比較可能である。
　　算術で閉でない：熟練労働の和及び差に対応する代替熟練労働
　　　は一般に存在しない。　　　■
系p-22　労働の付加価値は、絶対量である。
系p-23　競争に由来する価値$Y-C_0$は、絶対量より構成される。
説明)　商品交換は不熟練労働量の交換の形をとる。熟練労働によ
　　る付加価値は絶対量であるため、その比較と両立しない場合が
　　ある。
例)19Cまで、ヨーロッパ地域とアジア地域における金・銀の交換
　レートが互いに相違していたこと。

§3　絶対量としての貨幣価値

命題 p-24　S+を前提とすると、
　　　　Sの金利は、基礎消費に由来する絶対量である。
証明)
　　基礎消費に由来すること：
　　　命題g-10、g-11により、（j-i)×S ＜ A となる。
　　絶対量であること：
　　　金利の和と差は、他の信用の金利と関連しない。　　■

命題 p-25　貨幣の実質価値は、労働の付加価値と金利に由来する
証明)
　　貨幣の実質価値：系n-20 により、労働の付加価値>0 のとき
　　　実質価値>0 となる。
　　貨幣発行：貨幣が発行されると金利が発生する。その金利は
　　　消費を経由して、貨幣により支払われる。また、金利には上
　　　限があり、それが有意なのは貨幣選好>0のときのみである。
　　故に、貨幣の実質価値は、労働の付加価値と金利に由来する■

[定義]
　貨幣の絶対価値 ＝ 2次運用総額1単位に対する
　　　　　　　　　　　流通貨幣量の金利による現在価値

命題 p-26　貨幣の絶対価値 ＝ $\omega/(1-(j-i))$
証明)
　　系 m-14より、　$M-M_0 = \omega\times(S-M_0)$
　　したがって、　　$\omega = (M-M_0)/(S-M_0)$
　　　　　　　　　　　(=2次運用総額1単位当たりの流通貨幣量)
　　故に、貨幣の絶対価値 ＝ $\omega/(1-(j-i))$　　　■
系 p-27　貨幣の絶対価値 ＝ $(M-Sf)/S/(1-(j-i))$
系 p-28　貨幣の絶対価値 ＝ $(M_0-Sf)/M_0/(1-(j-i))$
説明)　対金融の立場からみた場合、Sfは貨幣ストック、M-Sfは、
　　貨幣フローである。故に、系 p-27より、
　　貨幣の絶対価値 ＝ 信用1単位当たりの流通による貨幣所得の
　　　　　　　　　　　現在価値(流通上の限界貨幣所得の現在価値)

命題 p-29　$\omega/(1-(j-i))$ は、貨幣単位に依存しない。
証明)
　　明らか　　　　■

命題 p-30　S+を前提とすると、

$$\omega / (1-(j-i))\ \text{は、絶対量である。}$$

証明)

　　比較可能であること：

$$\omega / (1-(j-i))\ =\ \omega\ +\ （金利）$$

　　この内、（金利）は基礎消費Aを媒介として比較可能である。
　　実際、基礎消費は通貨圏ごとに異なるが、生産と需給には
　　影響されないため、その実物比は比較的安定的(その比が一定
　　数の付近に分布する)である。
　　故に、その実物交換比により、比較することが可能である。
　　したがって、（金利）の比率が確定すると、絶対量の関係も
　　ωと(金利)の比率により確定する。

　　算術で閉でないこと：

　　異なる通貨圏の絶対価値の和、差に対して、それと等しい
　　第3の通貨圏があるとは一般的にいえない。■

説明1)　基礎消費実物交換比の例：

　　基礎消費各項目を主食の重量変換し、そのカロリー量の比率を
　　交換比とする。（カロリー換算の例は、第12章参照)
　　但し、単に変動のみを観察する場合は、基礎消費の交換比は
　　不要である。

説明2)　貨幣には、商品価値に由来する実質価値(相対量)と貨幣自
　　体の価値(絶対量)が存在する。実質価値は商品価値に他ならず
　　命題p-17により、非正規である。絶対量としての貨幣価値は、
　　正規化構造上の現在価値として貨幣間で比較可能である。

［定義］

　　貨幣AとBの金利部分の交換レートを r_{AB}(Bの1単位に対するAの量)
　　とすると、
　　貨幣AとBの絶対価値Z_A、Z_B が、r_{AB} において等価：

$$Z_A\ =\ r_{AB}\ \times\ Z_B$$

例)　Aの基礎消費のカロリー換算=1500KCal／人
　　Bの基礎消費のカロリー換算=2000KCal／人
　　とすると、$r_{AB}\ =\ 15000/20000\ =\ 0.75$
　　$\omega_A\ =\ 0.727$、$(j-i)_A\ =\ 0.08$
　　$\omega_B\ =\ 1.0$、　　$(j-i)_B\ =\ 0.05$
　　とすると、　　$Z_A\ =\ \omega_A\ /(1-(j-i)_A)\ =\ 0.790$
　　　　　　　　　$Z_B\ =\ \omega_B\ /(1-(j-i)_B)\ =\ 1.053$
　　　　　　　　　$Z_A\ /\ Z_B\ =\ 0.790/1.053\ =\ 0.750\ =\ r_{AB}$

命題 p-31　貨幣を A、B　その絶対価値をZ_A、Z_B とすると、
　　任意の金利部交換レート r_{AB}(B1単位に対するAの量)に対して、
　　　　　　Z_A と Z_B が等価　〈=〉　　$r_{AB} = Z_A / Z_B$

証明)
　　定義より明らか　■

系 p-32　Z_A と Z_B が等価とすると、
　　　　　$Z_A = Z_B$　〈=〉　　$r_{AB} = 1$

説明1)　絶対価値の比は、2つの貨幣が等価であるための必要かつ
　　十分な金利部交換レートの値を意味する。一方、基礎消費は変
　　動が少ないため、r_{AB} は安定的である(例 第12章)。故に、等価
　　でない場合、絶対価値の比の変動は、ω と金利の変動が反映され
　　る。即ち、競争に由来する価値の影響を受ける。

説明2)　絶対価値を実際のデータに適用する場合、その値は信用総
　　額と貨幣量の定義に依存する。これらは国により異なり、Z_A 、Z_B
　　は、等価とならない。しかし、r_{AB} の安定性を前提とすると各国
　　通貨の絶対値の比の変動を観察することには意義がある。
　　(例 第11章)。

説明3)　貨幣価値は、実物と資産の両方の市場の影響を受ける。
　　物価、金利、資産などの変動の影響を受けるが、単一の対象の
　　価格変動に常に関連するわけでない。このことは、貨幣自体の
　　価値の存在を意味する。
　　　　この固有の価値を絶対価値概念によって把握しようとする
　　試みである。但し、この絶対価値には単位量が無いこと故に、
　　比較のみの量的関係のみ示す。故に、為替レートのような量的
　　交換機能は無い。

説明4)　為替レートは相対量としての貨幣交換レートである。その
　　変動は条件付で長期的に単純労働実物比の変動と関連する傾向
　　がある(条件については、§4 参照)。即ち、競争に由
　　来しない価値と関係がある。
　　例 第12章 図12-6、図12-10
　　一方、絶対価値は定義により競争に由来する価値と関係する。
　　絶対量が関わる例として経常収支がある。
　　例)　対ドルZ比と経常収支前年比
　　　　　第11章 図11-3-5、図11-4-5、図11-5-5、図11-6-6
　　条件付で絶対量はCPIと関係する(条件については、§4 参照)。
　　例)　対ドルZ比とCPI
　　　　　第11章 図11-3-3、図11-4-3、図11-5-3、図11-6-4

命題 p-33　　絶対価値前年比は、通常安定的に変化する
　　　　　　　　　　　（変化率が一定数の付近に分布する）

証明）
　　物価に対する ω (=1/V_2) と金利部分 (=1-(j-i)) の相反する作用による　　■

例）第11章 図11-2-3、図11-3-5、図11-4-5、図11-5-5、図11-6-6
　　絶対価値前年比は、殆ど±0.10以内であることが観察される。

命題 p-34
　　$\omega_1/(1-(j_1-i_1))$ を当年絶対価値、
　　$\omega_0/(1-(j_0-i_0))$ を前年絶対価値、K=絶対価値前年比とすると、
　　　　$\omega_1/\omega_0 = (K+1)\times(1-(j_1-i_1))/(1-(j_0-i_0))$

証明）
　　Kの定義より、
　　　$K = ((\omega_1/(1-(j_1-i_1)) - \omega_0/(1-(j_0-i_0)))/(\omega_0/(1-(j_0-i_0)))$
　　故に、
　　　$K\times\omega_0/(1-(j_0-i_0)) = \omega_1/(1-(j_1-i_1)) - \omega_0/(1-(j_0-i_0))$
　　したがって、
　　　$(K+1)\times\omega_0/(1-(j_0-i_0)) = \omega_1/(1-(j_1-i_1))$
　　即ち、
　　　　$\omega_1/\omega_0 = (K+1)\times(1-(j_1-i_1))/(1-(j_0-i_0))$　　■

説明1）K = ±0.10　とすると、ω に対する金利の効果は、
　　　　金利変化率の1.1倍となる。

説明2）図3-3(p.61)から、$0<\omega<1$ となるので、ω が小さくなると、
　　　絶対価値が安定的でも、V_2 ($=(S-M_0)/(M-M_0)$) に対する金利の影響
　　　が増大する。

§ 4 代用貨幣

[定義] 代用貨幣
　　　1) 保存コスト微小の商品である
　　　2) 貨幣としての利用が商品価値に影響しない
　　　3) 対貨幣とのZ比が物価変動と連動する (同方向に変化する)
　　　Msc ＝ 代用貨幣量、　　　ωsc ＝ 代用貨幣需要量
例) タバコ (単位=本数)、ウイスキー (単位=容量)
説明)
　2)：流通における商品と貨幣の機能が均衡する。
　3)：投機の対象でないことを意味する。即ち、貨幣と代用貨幣の
　　　流通関係が物価により束縛されていることを意味する。
　　　　例 (代用貨幣のZ)/(貨幣のZ) ≈ CPI変化率
　　"連動"：理論に組み込むため相関と同様な関係を表すのに使用

命題 p-35　　Mscの絶対価値 ＝ ωsc
証明)
　2)の条件により、j-i=0　故に、明らか　　■

命題 p-36
　　対貨幣とのZ比　ωsc/(ω/(1-(j-i)))　は、CPIと連動する
証明)
　　3)と命題p-35より、明らか　　　■

[定義] 代用通貨
　　　1) 他国の通貨である
　　　2) 代用通貨実質価値が貨幣発行主体により担保されている
　　　3) 代用通貨との為替レートが相対量としての単純労働の実物
　　　　交換比と連動する
　　　4) 代用通貨とのZ比が、自国の物価変動と連動する
説明1)　実物交換比の例：§3 命題p-30 説明1) 参照
説明2)　定義自体は、代用通貨流通とは別の事項である。
2)：代用貨幣条件1)、2)に対する代替条件。
　例) 金利とCPIの変動が連動 (第11章図11-2-1、図11-3-1、図11-4-1)
　　　貨幣流通速度が実質賃金と連動している (第11章 図11-2-2)
3)：代用通貨価値=実質価値 (即ち、物品の代替) 　とみなせること
　　を意味する。(例　第12章 図12-10)
4)：3)を前提にすると、代用貨幣条件2)と等しい。即ち、為替レ
　　ートを通じて自国の物価変動は代用通貨発行国に従属する。
　　(例　第11章 図11-3-3、図11-6-4)

命題 p-37　A国の通貨をM_A　　B国の通貨をM_B とする。

　B国において、M_A に対して代用通貨の条件2)及び3)が成り立つとすると、

　M_A と M_B のZ比について、代用通貨の条件4)が成り立つ。

証明)

　A国：　A単純労働　A実物価値　　→　　　　A名目価値
　　　　　　1単位　　　　　　　　　　　　　　　　　｜
　　　　　　　　　　　　　　　　｜｜　　　　　（為替レート）
　　　　　　　　　　　　　　　　　　　　　　　　　　↓
　B国：　　　　　　　　A実物価値　　　　　A'名目価値
　　　　　　　　　　　　　　↓　　　　　　　　　↓
　　　　　　R=A実物価値/B実物価値 ≈ N=A'名目価値/B名目価値
　　　　　　　　　　　　　　↑　　　　　　　　　↑
　　　　　B単純労働　B実物価値　　→　　　B名目価値
　　　　　　　1単位

実物価値(kcal変換などによる)の変動は実質価値変動に他ならないことより、上の変換図のRの変動は実質価値変動を表す。

　　故に、代用通貨の条件3)により、Nの変動とBの実質価値変動は連動関係にある。

　　一方、代用通貨の条件2)により、A'名目価値は、金利等の金融政策により、Aの通貨の絶対価値と連動して変化する。

したがって、Z比の変動要因は、主として、Bの通貨の絶対価値の変動によるため、B側の物価の影響が大であることになる。　　■

命題 p-38　　r_{AB} が安定的であるとすると、

　AとBの単純労働の実物比は、限界消費傾向の比 γ_A/γ_B の変動と連動する。

証明)

　r_{AB} の安定性とγが最低生活水準であることによる。　　■

例)第12章 図12-5、図12-9

補題 p-39

　為替レートが相対量としての単純労働の実物比と連動する

　　=> 実質価値を持つ通貨が存在する

証明)

　為替レート即ち名目価値変換レートが単純労働の実物比と連動することより名目価値と実質価値はそれぞれ影響を受ける。

　これは、ωが十分小でないことを意味する。　　■

説明1)為替レート対象通貨の中のいづれかに実質価値をもつ通貨が存在する可能性に関する命題である。

説明2) 貨幣の実質価値については、第3章§5参照
例) 第12章 図12-5、図12-9

命題 p-40
　為替レートが相対量としての単純労働の実物比と連動する (代用
　通貨条件 3) 　かつ
　代用通貨が存在しない (代用通貨条件 2)、或は4) が成立たない)
　=> 　貨幣は実質価値を持たない (ω が十分に小)
証明)
　代用通貨の条件2) が成立たない場合、即ち
　他国通貨で実質価値を持つ通貨が存在しない場合：補題p-39より
　　　このケースは成立たない。
　代用通貨の条件4) が成り立たない場合、即ち
　全ての他国通貨とのZ比が物価変動と連動しない場合：
　　　貨幣の絶対価値は労働の競争に由来する価値成分であること
　　　と、為替レートが単純労働の実物比と連動することより、絶
　　　対価値の変動が実質価値に影響しないことが言える。即ち、
　　　名目価値が実質価値に対して十分に大となる。
　　　これは、ω が十分に小であることを意味する。　■
系 p-41 (対偶)
　貨幣が実質価値を持つ (ω が十分に小でない)　かつ
　為替レートが相対量としての単純労働の実物比と連動する　かつ
　代用通貨条件 2) が自国通貨において成立たない (代用通貨でない)
　　=> 　代用通貨が存在する。
系 p-42 (対偶)
　貨幣が実質価値を持つ (ω が十分に小でない)　かつ
　代用通貨が存在しない
　　=> 　為替レートが相対量としての単純労働の実物比と連動しない
説明) 貨幣が実質価値をもつ (ω が十分に小でない) ことを前提と
　すると、貨幣価値は、代用通貨が存在する場合はそれに従属し、
　代用通貨が存在しない場合は他国の通貨に対して独自性がある、
　のいづれかとなる。

命題 p-43　　r_{AB} が安定的であるとすると、
　　貨幣が実質価値を持つ　かつ
　　限界消費傾向の比と為替レートが連動する
　　=> 　代用通貨が存在する。
証明)
　命題p-38と系p-41 より、明らか。　■

81

第5章　労働市場データ検証
§ 1　検証仕様とデータ算出例(2010)
[経済モデル]　　$C = \gamma \times Y + A$
　　　　　　　　　　$Y = \delta \times C + A$

[検証内容]
　A)最低消費額C_0 の条件、即ち、所得＝消費 が分配上正しいかを
　　検証する。即ち、C_0 を労働者数で分割した値、つまり一人分
　　の消費額が、"所得＝消費"の属性を持つかどうかを検証する。
　B)$1/(1-\gamma)$、δ の変動とk、eとの関連を観察する。

[基礎消費の算出]　消費関数　$C = \gamma \times Y + A$　　(A=基礎消費)
　において、Y=0となったときの生存費用(食費+住居費+光熱・水
　道費)1年分として算出する。
　2010年の例)
　　家計の消費支出(単位=1カ月/千円)　世帯人員(2名以上)=3.09人
　　食料=67563　住居=18179　光熱・水道=21951
　　月間(千円/人)=(67563+18179+21951)*12/3.09=418(千円)
　　食費=67563*12/3.09/1000=262(千円)
　　小売米価(東京都区部)=2136円/5kg
　　月間消費(千円/人)を、米の重量に換算する。
　　食料一日当たり2000Kcal消費し、白米140g = 200Kcal とすると、
　　年間の基礎消費(Kg)=1400*365*418/262/1000 = 815(Kg)
　　一人当たりのn年次の基礎消費=815*2136/5=348168(円/人)

[データ算出例(2010)]
国内総生産(10億)　Y = 481773
総消費(10億)　C = 民間最終消費支出+政府最終消費支出
　　　　　　　　　= 285439 + 95307 = 380746
総人口(1000)　n=128057　　労働力人口(10000)　m=6590
基礎消費=(基礎消費/kg)*(小売米価/kg)=815*2136/5=348168(円/人)
基礎消費(10億)　A = 128057*1000*348168/1000/1000/1000
　　　　　　　　　= 44585(切捨て)
限界消費傾向　γ =(C-A)/Y =(380746-44585)/481773=0.698(四捨五入)
最低消費額(10億)　C_0 = A/(1-γ) =44585/(1-0.698)=147632(切捨て)
人的資源リスク　k = A/Y =44585/481773 = 0.093(四捨五入)
生産リスク　e = (Y-C)/Y =(481773-380746)/481773=0.210(四捨五入)
乗数効果(1/(1-γ)) = 1/(1-0.698) = 3.31(四捨五入)
生産力(δ) = (Y-A)/C =(481773-44585)/380746 = 1.15(四捨五入)
最低賃金年額(万) = C_0 / m
　　= (147632*1000*1000*1000)/(6590*10000)/10000 = 224(切捨て)
最低賃金時給(円)=224(万)/12(月)/22(日)/8(H)*10000=1060(切捨て)
GDP前年比=(481773-471139)/471139 = 0.023(四捨五入)

§2 1976-2010 年の算出結果

	C	C_0	A	γ	k	e	$1/(1-\gamma)$	δ
1976	112201	56376	27850	0.506	0.167	0.326	2.02	1.24
1977	125319	63698	31467	0.506	0.170	0.325	2.02	1.23
1978	137676	68910	33904	0.508	0.166	0.326	2.03	1.24
1979	151564	73137	34521	0.528	0.156	0.316	2.12	1.23
1980	164681	78019	36513	0.532	0.154	0.317	2.14	1.24
1981	175540	81019	37998	0.531	0.151	0.322	2.13	1.26
1982	187969	87916	40090	0.544	0.147	0.309	2.19	1.23
1983	198238	93827	41941	0.553	0.148	0.299	2.24	1.22
1984	208576	97231	44046	0.547	0.146	0.307	2.21	1.23
1985	220218	99039	45558	0.540	0.141	0.319	2.17	1.26
1986	229610	100316	45945	0.542	0.136	0.322	2.18	1.27
1987	240471	102899	46202	0.551	0.131	0.318	2.23	1.27
1988	253582	101165	45727	0.548	0.121	0.331	2.21	1.32
1989	271136	104418	47197	0.548	0.116	0.336	2.21	1.33
1990	291162	106443	47474	0.554	0.108	0.338	2.24	1.35
1991	308435	108633	48342	0.555	0.103	0.341	2.25	1.36
1992	322301	116423	50528	0.566	0.105	0.329	2.30	1.33
1993	331163	124105	52745	0.575	0.109	0.316	2.35	1.30
1994	342156	151920	66541	0.562	0.136	0.302	2.28	1.24
1995	349633	136249	55726	0.591	0.112	0.296	2.44	1.26
1996	363084	135613	53703	0.604	0.105	0.291	2.53	1.26
1997	370626	133334	52267	0.608	0.100	0.292	2.55	1.27
1998	369128	131795	49555	0.624	0.097	0.280	2.66	1.25
1999	372004	139457	50623	0.637	0.100	0.263	2.75	1.22
2000	374475	137637	50100	0.636	0.098	0.266	2.75	1.23
2001	379443	140552	48631	0.654	0.096	0.249	2.89	1.20
2002	380344	146350	49320	0.663	0.099	0.238	2.97	1.18
2003	378857	150040	51614	0.656	0.103	0.241	2.91	1.18
2004	379908	158930	57056	0.641	0.113	0.246	2.79	1.18
2005	383601	146409	49340	0.663	0.098	0.239	2.97	1.18
2006	385399	145428	48864	0.664	0.096	0.239	2.98	1.19
2007	386915	140053	47338	0.662	0.092	0.246	2.96	1.20
2008	385074	144030	46810	0.675	0.093	0.232	3.08	1.18
2009	376762	152320	45087	0.704	0.096	0.200	3.38	1.13
2010	380746	147632	44585	0.698	0.093	0.210	3.31	1.15

C=総消費（10億）　C_0=最低消費額（10億）　A=基礎消費（10億）

	基礎消費 年額(円/人)	最低賃金 年額(万/人)	最低賃金 時給(円)	東京都 最低賃金	GDP 前年比
1976	246264	104	492	310	
1977	275628	116	549	345	0.114
1978	294336	124	587	365	0.101
1979	297203	130	615	382	0.084
1980	311919	138	653	405	0.088
1981	322291	141	667	422	0.075
1982	337663	152	719	442	0.050
1983	350867	159	752	452	0.040
1984	366123	164	776	463	0.064
1985	376362	166	785	477	0.075
1986	377659	166	785	488	0.047
1987	377967	169	800	497	0.041
1988	372540	164	776	508	0.076
1989	383083	166	785	525	0.077
1990	384062	166	785	548	0.077
1991	389542	166	785	575	0.064
1992	405637	176	833	601	0.026
1993	422171	187	885	620	0.008
1994	531209	228	1079	634	0.012
1995	443785	204	965	650	0.014
1996	426695	202	956	664	0.030
1997	414309	196	928	679	0.022
1998	391827	194	918	692	−0.020
1999	399661	205	970	698	−0.014
2000	394720	203	961	703	0.010
2001	381972	208	984	708	−0.007
2002	386870	218	1032	708	−0.012
2003	404202	225	1065	708	0.000
2004	446500	239	1131	710	0.010
2005	386175	220	1041	714	0.000
2006	382051	218	1032	719	0.006
2007	369740	210	994	739	0.012
2008	365470	216	1022	766	−0.022
2009	352160	230	1089	791	−0.059
2010	348168	224	1060	821	0.023

A)所得=消費額として、分配から算出された最低賃金は、東京都の
　最低賃金より高い傾向にある。

図5-1　総生産、消費の変遷

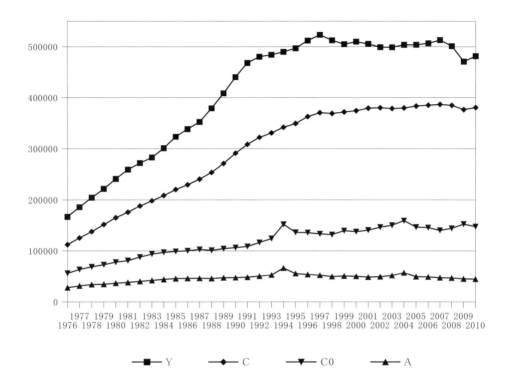

注）1994年、2004年は、前年度米不作のため、A、C_0 は参考データ。

図5-2　1/(1−γ)とδの比較

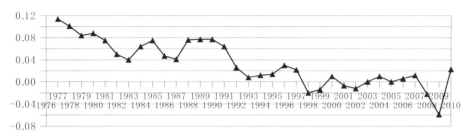

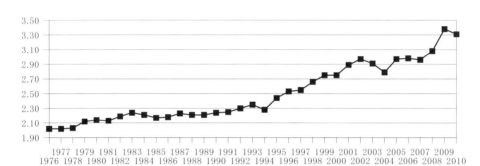

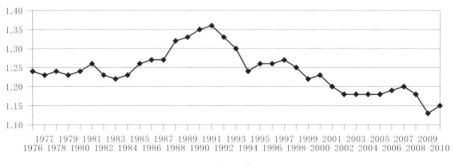

B) 1987年以前：e+kの増加、δ (=(1-k)/(1-e))変動小、
　　　　　即ち、e、k同時増加
　　1988-1991年：γ (=1-(e+k))変動小、δ (=(1-k)/(1-e))増加、
　　　　　即ちeのkに対する相対的増加
　　1992年以降：γ (=1-(e+k))増加、δ (=(1-k)/(1-e))減少、即ち
　　　　　eのkに対する相対的減少

§ 3 データ

国内総生産、民間最終消費支出、政府最終消費支出
　日本統計年鑑 2013 1996-2010 (p. 93)
　日本統計年鑑 2005 1980-1995 (p. 87)
　日本統計年鑑 1998 1977-1979 (p. 138)
　日本統計年鑑 1996 1976-1976 (p. 138)
総人口 (千)
　日本統計年鑑 2013 1976-2010 (p. 35)
労働力人口 (万)
　日本統計年鑑 2013 1976-2010 (p. 494)
世帯人員 (2名以上)、消費支出 (食料, 住居, 光熱・水道)
　家計調査年報<< I 家計収支編>>2012 2000-2010 (p. 216, 220, 221)
　家計調査年報 1999 1978-1999 (p. 76)
　家計調査年報 1989 1976-1977 (p. 102)
小売米価
　日本の統計 2012　2008-2010 (p. 246)　　　5kg
　日本の統計 2009　2005-2007 (p. 242)　　　5kg
　日本の統計 2006　2002-2004 (p. 240)　　　5kg
　日本の統計 2003　1999-2001 (p. 229)　　　10kg
　日本の統計 2000　1996-1998 (p. 225)　　　10kg
　日本の統計 1997　1994-1995 (p. 227)　　　10kg
　日本の統計 1995　1992-1993 (p. 227)　　　10kg
　日本の統計 1992/93 1989-1991 (p. 208)　10kg
　日本の統計 H1　　1987-1988 (p. 200)　　　10kg
　日本の統計 S62　　1984-1986 (p. 200)　　　10kg
　日本の統計 S61　　1983-1983 (p. 200)　　　10kg
　日本の統計 S58　　1981-1982 (p. 204)　　　10kg
　　　1980=小売米価1979+(小売米価1981-1979)
　　　　　*(消費者物価指数1980-1979)/(消費者物価指数1981-1979)
　　　　　=4390+(4578-4390)*(77.1-71.6)/(80.9-71.6)
　　　　　=4501
　日本の統計 S56　　1978-1979 (p. 186)　　　10kg
　日本の統計 S55　　1976-1977 (p. 182)　　　10kg
東京都最低賃金　厚生労働省 東京労働局 HP
　tokyo-roudoukyoku. jsite. mhlw. go. jp/jirei_toukei.html
　東京都最低賃金金額改正一覧
(インターネットアドレス=2015年時点のもの)

	A	B	C	D	E
1976	166573	95784	16417	113094	5378
1977	185622	107076	18243	114165	5452
1978	204404	117923	19753	115190	5532
1979	221547	130078	21486	116155	5596
1980	240969	132032	32649	117060	5650
1981	259034	140342	35198	117902	5707
1982	271888	150509	37460	118728	5774
1983	282803	158437	39801	119536	5889
1984	300941	166831	41745	120305	5927
1985	323541	176575	43643	121049	5963
1986	338674	183872	45738	121660	6020
1987	352530	192547	47924	122239	6084
1988	379250	203443	50139	122745	6166
1989	408535	217987	53149	123205	6270
1990	440125	234272	56890	123611	6384
1991	468234	247563	60872	124101	6505
1992	480492	258052	64249	124567	6578
1993	484234	264149	67014	124938	6615
1994	490005	272646	69510	125265	6645
1995	496922	276844	72789	125570	6666
1996	511935	284071	79013	125859	6711
1997	523198	289981	80645	126157	6787
1998	512439	287545	81583	126472	6793
1999	504903	288877	83127	126667	6779
2000	509860	288167	86308	126926	6766
2001	505543	289788	89655	127316	6752
2002	499147	289038	91306	127486	6689
2003	498855	287514	91343	127694	6666
2004	503725	288599	91309	127787	6642
2005	503903	291133	92468	127768	6650
2006	506687	293433	91966	127901	6657
2007	512975	294122	92793	128033	6669
2008	501209	292055	93019	128084	6650
2009	471139	282942	93820	128032	6617
2010	481773	285439	95307	128057	6590

A=国内総生産(10億)　B=民間最終消費支出(10億)
C=政府最終消費支出(10億)　D=総人口(千)　E=労働人口(万)

	F	E	F	G	H
1976	3.84	55308	8290	8000	3720
1977	3.82	58660	8948	9170	4120
1978	3.83	60896	9336	9812	4380
1979	3.83	62769	10038	10269	4390
1980	3.82	66923	10682	13225	（4501）CPIによる推計値
1981	3.79	69183	11159	15310	4578
1982	3.78	71342	11513	15866	4776
1983	3.76	72173	12131	16383	4921
1984	3.72	72962	12488	17532	5078
1985	3.71	73735	12686	17724	5220
1986	3.69	73995	13041	17493	5238
1987	3.67	73226	13995	16376	5235
1988	3.63	74173	14375	16326	5167
1989	3.61	75849	14720	16261	5328
1990	3.56	78956	14814	17147	5364
1991	3.57	82130	16712	17981	5373
1992	3.53	82381	18251	18516	5489
1993	3.49	81562	18725	19030	5644
1994	3.47	80552	20480	19531	6953
1995	3.42	77886	21365	19911	5675
1996	3.34	77042	22226	20309	5374
1997	3.34	78306	22308	21065	5218
1998	3.31	78156	20392	21029	5017
1999	3.30	76590	21041	20873	5059
2000	3.31	73954	20522	21628	4934
2001	3.28	71770	19679	21529	4745
2002	3.24	71210	19957	21171	2394（以下 5kg）
2003	3.22	69910	20027	20922	2492
2004	3.19	69640	19230	21012	2763
2005	3.17	68699	19254	21492	2375
2006	3.16	68111	18115	22278	2341
2007	3.14	68536	17934	21768	2288
2008	3.13	69001	16897	22762	2270
2009	3.11	68322	17024	21685	2201
2010	3.09	67563	18179	21951	2136

F=世帯人員（2名以上）　E=食料費（月・円）　F=住居費（月・円）
G=光熱・水道費（月・円）　H=小売米価（東京都区部、10kg、円）

第6章　19世紀データ検証

19世紀英国経済が、マルサス型経済から、非マルサス型経済に
移行した時期を推測する。
§1　データの作成方法
[経済モデル]　　$C = \gamma \times Y + A$
　　　　　　　　$Y = \delta \times C + A$

・大麦(Barley)　3400kcal/kg
　　1日のカロリー　2500kcal/日 = Barley 0.74kg
・1800年頃の英国労働者の支出内訳　(参考文献 12) 表3.1 P.80)
　　食物・飲料　　75%　　　　　　暖房　　　　　5%
　　衣料・寝具　　10%　　　　　　照明・石鹸　　4%
　　住居　　　　　6%
　　これから、　　基礎消費 = 食物・飲料 + 住居 + 暖房
　　とすると、　　基礎消費 : 食物・飲料 = 100 : 87
・1日当たりの基礎消費の大麦換算値
　　　0.74/87*100 = 0.85kg
　　　年間　0.85*365 = 310kg/人
・ 最低消費額は、農業労働者年間賃金を基準に算出する。

・計算例(1801)
　　n(人口) = 10686(千人)　　　m(労働人口) = 3979(千人)
　　農業労働者年間賃金=35.65(ポンド)
　　大麦価格 1kg= 0.0157(ポンド)
　　Y = 232.0(100万ポンド)

　　A(基礎消費) = 310*10686*1000*0.0157/100/10000
　　　　　　　　= 52(百万ポンド)
　　C_0(最低消費額) = (農業労働者年間賃金)*(労働人口)
　　　　　　　　　　= 35.65*3979*1000/100/10000
　　　　　　　　　　= 141(百万ポンド)
　　$\gamma = 1 - A/C_0 = 1 - 52/141 = 0.631$
　　C(消費額) = $\gamma \times Y + A$
　　　　　　　= 0.631*232 + 52 = 198(100万ポンド)
　　δ(生産力) = (Y - A)/C
　　　　　　　　= (232 - 52)/198 = 0.909(四捨五入)
　　C/(労働人口) = 198*100*10000/(3979*1000) = 49.76(ポンド)

§ 2　1801-1901　算出結果とデータ

	A	C_0	γ	C	δ	C/（労働者数）
1801	52	141	0.631	198	0.909	49.76
1811	36	199	0.819	282	0.940	62.36
1821	26	195	0.867	278	0.953	52.55
1831	44	199	0.779	308	0.961	50.53
1841	42	237	0.823	414	0.991	59.93
1851	36	283	0.873	492	0.990	52.49
1861	59	397	0.851	627	0.971	59.58
1871	67	512	0.869	863	0.984	73.43
1881	66	528	0.875	985	1.000	77.37
1891	66	608	0.891	1213	1.008	83.66
1901	66	750	0.912	1564	1.008	96.07

A、C、C_0：100万ポンド、C/（労働者数）：ポンド
説明）非マルサス型経済への転換時期は、1841-1891年の間と推測
　　される。これ以前は、経済が自然の影響をより多く受け（e ＜ k）、
　　以後は、経済内で生じる問題が大きくなる（e ＞ k）。

［データ］
参考資料　B.R.Mitchell「British Historical Statistics」2011
人口：Population and Vital Statistics 3. –British Isles
　　　Estimated Mid-Year Home Population（by Sex）　　p.11
労働者数：Labour Force 2. Occupations at Censuses
　　　　　　　　　　　　　　　　–Great Britain 1811-1981
　　　　B.1841-1921 - based on the 1911 Census Categories
　　　　　　　　　　　　　　　　　　p.103、　p.104
賃金：Labour Force 23. Nominal Annual Earnings
　　　　　　　　　　　–England and Wales 1710-1911　p.153

　　Labour Force 25. Bowley & Wood's Indices of Average Wages
　　　　　　in a Normal Week in Certain Industries
　　　　　　　　　　　　– United Kingdom 1770-1914　p.156-158
大麦価格：Prices 17. Average Prices of British Corn
　　　　　　　　　　–England & Wales 1771-1980　p.756-757
GDP：National Accounts 2. Gross or Domestic Product by Sector
　　　　　　　　of Origin - Great Britain 1801-1924　p.822

| | 人口（千人） | | | 労働人口（千人） | | |
| | Great Britain | | | Great Britain | | |
	England&Wales	Scotland	計	Males	Females	計
1801	9061	1625	10686			3979 (*)
1811	10322	1824	12146			4522 (*)
1821	12106	2100	14206			5290 (*)
1831	13994	2374	16368			6095 (*)
1841	15929	2622	18551	5093	1815	6908
1851	17983	2896	20879	6554	2819	9373
1861	20119	3069	23188	7271	3252	10523
1871	22789	3369	26158	8182	3570	11752
1981	26046	3743	29789	8844	3887	12731
1891	29086	4036	33122	10010	4489	14499
1901	32612	4479	37091	11548	4732	16280

(*) = （人口）×（1841の労働人口）/（1841の人口） による推計値

| | 賃金(Agriculture) | | 大麦価格 | | GDP |
| | England&Wales | | England&Wales | | |
	指数(1891=100)	Nominal annual earnings（£）	Imperial quarter (shilleng)	1kg（£）	£ million
1801	85	35.65	68	0.0157	232.0
1811	105	44.04	42	0.0097	301.1
1821	88	36.91	26	0.0060	291.0
1831	78	32.71	38	0.0088	340.0
1841	82	34.39	32	0.0074	452.3
1851	72	30.20	24	0.0056	523.3
1861	90	37.75	36	0.0083	668.0
1871	104	43.62	36	0.0083	916.6
1881	99	41.52	31	0.0072	1051.2
1891	100	41.94	28	0.0065	1288.2
1901	110	46.13	25	0.0058	1642.9

1891年 Nominal annual earnings 41.94£
1891年以外 = 41.94*(n年指数/100)
1クオーター=8ブッシェル=8*27kg(小麦)、1ブッシェル=小麦27kg
（単位：参考文献11 p.xii 換算表 より）

第7章　金融市場データ検証

§１　検証仕様

［経済モデル］　　$S_R = \varepsilon \times S + (C-C_0)$ $(I = \varepsilon \times S)$
　　　　　　　　　　$S = \tau \times S_R + (C-C_0)$

［データの仕様］
Y、C、C_0、A： 第5章と同様
S(信用総額) ＝ （国内銀行勘定 総資産額）
　　　　　　　　＋ （国内銀行信託勘定 貸出金+有価証券）
j-i(貸付利子 - 預金利子)： j-i ＝ 長期プライムレート
　（優良企業は、事業内容のみの評価で融資される可能性が高い。
　　即ち、iの項 ＝ 0 と見なせる）

［検証項目］
　A) S_0(最低信用額)と「賃金・俸給」の変動と額の類似関係
　B) S++/S+ 状態の推移: S++ 状態になった年の検出
　C) 信用乗数 ε/w と Y/S の相関関係、τ との逆相関の検証
　D) τ と $1/(1-\varepsilon)$ の変動を比較、特徴の観察

［算出例(2010)］
　　短期投資関数 $S_R = \varepsilon \times S + (C-C_0)$ $(I = \varepsilon \times S)$
Y=481773　C=380746　A=44585　γ=0.698　　C_0=147632 （第5章より）
国内銀行勘定総資産 ＝ 814771(10億)
国内銀行信託勘定 有価証券 ＝ 342325(10億)
　　　　　　　　　　　貸出金 ＝ 　3862(10億)
長期プライムレート(%)=1.60
S ＝ 814771 ＋ 342325 ＋ 3862 ＝ 1160958(10億)
S_R ＝ Y － C_0 ＝ 481773 － 147632 ＝ 334141(10億)
S_F ＝ S － S_R ＝ 1160958 － 334141 ＝ 826817(10億)
I＝ 481773 － 380746 ＝ 101027(10億)
C － C_0 ＝ 380746 － 147632 ＝ 233114(10億)
　ε ＝ I/S ＝ 101027/1160958 ＝ 0.087(四捨五入)
S_0 ＝ $(C-C_0)/(1-\varepsilon)$ ＝ 233114/(1-0.087) ＝ 255327(10億)(切捨て)
I_0 ＝ S_0 － $(C － C_0)$ ＝ 255327 － 233114 ＝ 22213(10億)
u(資産リスク) ＝ S_F/S ＝ 826817/1160958 ＝ 0.712(四捨五入)
v(所得リスク) ＝ $(C-C_0)/S$ ＝ 233114/1160958 ＝ 0.201(四捨五入)
ζ(信用水準) ＝ u/v ＝ 0.712/0.201 ＝ 3.54(四捨五入)
w(投資水準) ＝ 1 － γ ＝ 1 － 0.698 ＝ 0.302
$1/(1-\varepsilon)$ ＝ 1/(1-0.087) ＝ 1.095(四捨五入)

$\tau = (1-v)/(1-u) = (1-0.201)/(1-0.712) = 2.77$(四捨五入)

$(j - i)\times S/A = 1.60/100*1160958/44585 = 0.417$(四捨五入)

信用の乗数効果 $\varepsilon/w = 0.087/0.302 = 0.288$(四捨五入)

$w/(1-w) = 0.302/(1-0.302) = 0.433$(四捨五入)

参考)

　　最低信用額、最低投資額をそれぞれ労働者数で割って、一人当たりの金額を算出する(分配からの計算で平均賃金とは異なる)。

　　2010年労働力人口　$m = 6590$(万)　(第5章　§4)

　　$(S_0 + C_0)/m = (255327+147632)*100000/(6590*10000) = 611$(万)

　　$I_0/m = 22213*100000/(6590*10000) = 33$(万)

　　S_0、C_0 より算出される労働者賃金(年額) = 611万円/人

　　I_0 より算出される労働者貯蓄(年額)　 = 　33万円/人

以上、常識的な金額になるが、最低消費額の「所得=消費」の場合と異なり、賃金額や貯蓄額には客観的な基準はない。

[参照データ]

　　国内銀行勘定(資産合計　年度・月末)

　　　　日本銀行統計 2012　1982-2010(p.72)

　　　　経済統計年報 1997　1976-1981(p.59)

　　国内銀行信託勘定(貸出金、有価証券 年度・月末)

　　　　日本銀行統計 2012　1982-2010(p.80-81)

　　　　経済統計年報 1997　1976-1981(p.90-91)

　　長期プライムレート

　　　　日本統計年鑑 2013　2005-2010(p.436)

　　　　日本統計年鑑 2007　2000-2004(p.432)

　　　　日本統計年鑑 2003　1998-1999(p.470)

　　　　経済統計年報 1997　1981-1997(p.151, 152)

　　　　経済統計年報 1991　1976-1980(p.172)

　　雇用者 報酬総額、賃金・俸給

　　　　日本統計年鑑 2013　2003-2010(p.104)

　　　　日本統計年鑑 2005　1994-2002(p.98)

　　　　日本統計年鑑 1996　1976-1993(p.148)

§ 2 1976-2010 年の算出結果

	S	S_R	S_F	$C-C_0$	ε	S_0	I_0	$(j-i) \times S/A$
1976	178145	110197	67948	55825	0.305	80323	24498	0.588
1977	193159	121924	71235	61621	0.312	89565	27944	0.467
1978	212999	135494	77505	68766	0.313	100096	31330	0.446
1979	232930	148410	84520	78427	0.300	112038	33611	0.553
1980	256113	162950	93163	86662	0.298	123450	36788	0.617
1981	276665	178015	98650	94521	0.302	135416	40895	0.626
1982	303548	183972	119576	100053	0.276	138194	38141	0.651
1983	375268	188976	186292	104411	0.225	134723	30312	0.734
1984	414394	203710	210684	111345	0.223	143301	31956	0.715
1985	467755	224502	243253	121179	0.221	155557	34378	0.739
1986	531202	238358	292844	129294	0.205	162633	33339	0.717
1987	612968	249631	363337	137572	0.183	168386	30814	0.756
1988	682165	278085	404080	152417	0.184	186785	34368	0.850
1989	795990	304117	491873	166718	0.173	201593	34875	1.096(*)
1990	847621	333682	513939	184719	0.176	224173	39454	1.446(*)
1991	851481	359601	491880	199802	0.188	246061	46259	1.215(*)
1992	847592	364069	483523	205878	0.187	253232	47354	0.923
1993	846863	360129	486734	207058	0.181	252818	45760	0.562
1994	846705	338085	508620	190236	0.175	230589	40353	0.624
1995	859471	360673	498798	213384	0.171	257399	44015	0.401
1996	880775	376322	504453	227471	0.169	273731	46260	0.410
1997	908463	389864	518599	237292	0.168	285206	47914	0.400
1998	906144	380644	525500	237333	0.158	281868	44535	0.402
1999	903003	365446	537557	232547	0.147	272622	40075	0.392
2000	915129	372223	542906	236838	0.148	277978	41140	0.384
2001	933910	364991	568919	238891	0.135	276174	37283	0.355
2002	922777	352797	569980	233994	0.129	268649	34655	0.309
2003	933436	348815	584621	228817	0.129	262706	33889	0.307
2004	953888	344795	609093	220978	0.130	253997	33019	0.259
2005	989472	357494	631978	237192	0.122	270150	32958	0.371
2006	1079212	361259	717953	239971	0.112	270237	30266	0.519
2007	1127464	372922	754542	246862	0.112	277997	31135	0.548
2008	1159111	357179	801932	241044	0.100	267826	26782	0.594
2009	1149047	318819	830228	224442	0.082	244490	20048	0.421
2010	1160958	334141	826817	233114	0.087	255327	22213	0.417

S、S_R(=Y-C_0)、S_F(=S-S_R)、C-C_0 、S_0 、I_0 の単位=10億円

B)S++の年は、1989-1991(*)

Y/S	u	v	ζ	w	w/(1−w)	ε/w	τ	1/(1−ε)
1976	0.935	0.381	0.313	1.22	0.494	0.976	0.617	1.11	1.439
1977	0.961	0.369	0.319	1.16	0.494	0.976	0.632	1.08	1.453
1978	0.960	0.364	0.323	1.13	0.492	0.969	0.636	1.06	1.456
1979	0.951	0.363	0.337	1.08	0.472	0.894	0.636	1.04	1.429
1980	0.941	0.364	0.338	1.08	0.468	0.880	0.637	1.04	1.425
1981	0.936	0.357	0.342	1.04	0.469	0.883	0.644	1.02	1.433
1982	0.896	0.394	0.330	1.19	0.456	0.838	0.605	1.11	1.381
1983	0.754	0.496	0.278	1.78	0.447	0.808	0.503	1.43	1.290
1984	0.726	0.508	0.269	1.89	0.453	0.828	0.492	1.49	1.287
1985	0.692	0.520	0.259	2.01	0.460	0.852	0.480	1.54	1.284
1986	0.638	0.551	0.243	2.27	0.458	0.845	0.448	1.69	1.258
1987	0.575	0.593	0.224	2.65	0.449	0.815	0.408	1.91	1.224
1988	0.556	0.592	0.223	2.65	0.452	0.825	0.407	1.90	1.225
1989	0.513	0.618	0.209	2.96	0.452	0.825	0.383	2.07	1.209
1990	0.519	0.606	0.218	2.78	0.446	0.805	0.395	1.98	1.214
1991	0.550	0.578	0.235	2.46	0.445	0.802	0.422	1.81	1.232
1992	0.567	0.570	0.243	2.35	0.434	0.767	0.431	1.76	1.230
1993	0.572	0.575	0.244	2.36	0.425	0.739	0.426	1.78	1.221
1994	0.579	0.601	0.225	2.67	0.438	0.779	0.400	1.94	1.212
1995	0.578	0.580	0.248	2.34	0.409	0.692	0.418	1.79	1.206
1996	0.581	0.573	0.258	2.22	0.396	0.656	0.427	1.74	1.203
1997	0.576	0.571	0.261	2.19	0.392	0.645	0.429	1.72	1.202
1998	0.566	0.580	0.262	2.21	0.376	0.603	0.420	1.76	1.188
1999	0.559	0.595	0.258	2.31	0.363	0.570	0.405	1.83	1.172
2000	0.557	0.593	0.259	2.29	0.364	0.572	0.407	1.82	1.174
2001	0.541	0.609	0.256	2.38	0.346	0.529	0.390	1.90	1.156
2002	0.541	0.618	0.254	2.43	0.337	0.508	0.383	1.95	1.148
2003	0.534	0.626	0.245	2.56	0.344	0.524	0.375	2.02	1.148
2004	0.528	0.639	0.232	2.75	0.359	0.560	0.362	2.13	1.149
2005	0.509	0.639	0.240	2.66	0.337	0.508	0.362	2.11	1.139
2006	0.469	0.665	0.222	3.00	0.336	0.506	0.333	2.32	1.126
2007	0.455	0.669	0.219	3.05	0.338	0.511	0.331	2.36	1.126
2008	0.432	0.692	0.208	3.33	0.325	0.481	0.308	2.57	1.111
2009	0.410	0.723	0.195	3.71	0.296	0.420	0.277	2.91	1.089
2010	0.415	0.712	0.201	3.54	0.302	0.433	0.288	2.77	1.095

$u = S_F/S$、 $v = (C - C_0)/S$、 $ζ = u/v$

図7-1　総信用と実経済

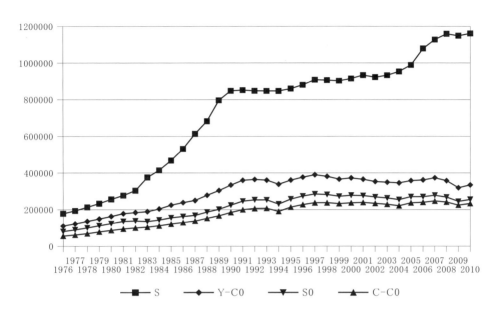

注)1994年、2004年は、前年度米不作のため、S以外は参考データ。

図7-2　雇用者報酬、賃金・俸給とS_0の推移

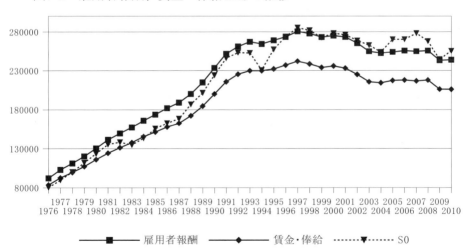

A)雇用者報酬、賃金・俸給とS_0は、変動及び値において類似性がある。

図7-3　ε/w、Y/S、τの推移

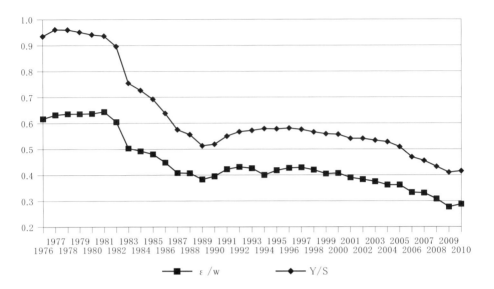

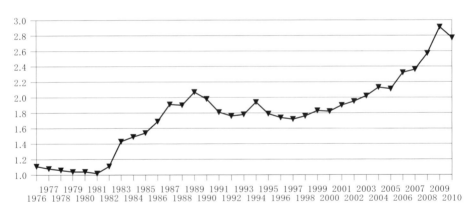

C) 信用乗数　ε/w、Y/S、τ の相関、逆相関は、明らか。

図 7-4　τ と $1/(1-\varepsilon)$ の比較

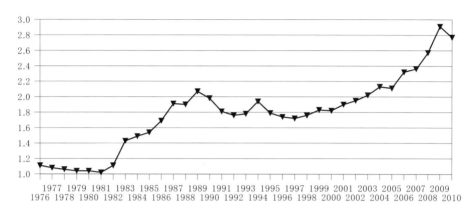

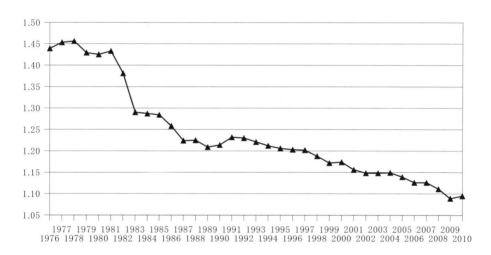

D)　$\tau = (1-v)/(1-u)$、$1/(1-\varepsilon) = 1/(1-(u+v))$
　　において、τ に逆行するのは、vのみである。
　　故に、$1/(1-\varepsilon)$ の減少、かつ、τ の増加は、vの減少による。

§ 3　データ

	国内銀行勘定 資産総額	国内銀行信託勘定 有価証券	貸出金	雇用者 報酬	賃金 ・俸給	長期 プライムレート
1976	162101	2568	13476	92121	83522	9.20
1977	175049	3644	14466	102897	92596	7.60
1978	193001	4862	15136	111164	99574	7.10
1979	210433	6206	16291	120120	107154	8.20
1980	230846	7743	17524	130368	115990	8.80
1981	249887	8147	18631	141397	124186	8.60
1982	272412	11662	19474	149514	131216	8.60
1983	340416	14716	20136	157299	137697	8.20
1984	373659	19747	20988	166026	145380	7.60
1985	420238	24765	22752	173815	151291	7.20
1986	471229	36366	23607	182006	157803	6.20
1987	540947	47097	24924	189125	162580	5.70
1988	602695	53372	26098	200192	172235	5.70
1989	705757	60725	29508	214957	184623	6.50
1990	757298	57538	32785	233508	200094	8.10
1991	756264	59842	35375	251781	215836	6.90
1992	751087	61536	34969	261046	225420	5.50
1993	739021	74434	33408	267152	229879	3.50
1994	736296	79940	30469	264356	229927	4.90
1995	750356	80825	28290	268977	232170	2.60
1996	753967	91343	35465	273388	236980	2.50
1997	787778	98262	22423	280505	242015	2.30
1998	778646	108418	19080	277709	238576	2.20
1999	768249	119163	15591	273121	234054	2.20
2000	759138	144197	11794	275048	235945	2.10
2001	759230	165336	9344	273368	233149	1.85
2002	731753	182323	8701	265358	225088	1.65
2003	735588	190515	7333	254838	215722	1.70
2004	740103	207395	6390	252539	214424	1.55
2005	747993	235801	5678	253983	217342	1.85
2006	749391	323280	6541	255672	217916	2.35
2007	768602	352636	6226	254852	216776	2.30
2008	813288	340170	5653	255723	217888	2.40
2009	800294	343926	4827	243310	206270	1.65
2010	814771	342325	3862	243921	206071	1.60

資産総額、有価証券、貸出金、雇用者報酬、賃金・俸給：10億

第8章　金融市場データ検証2

§ 1　検証仕様

［経済モデル］　　$M = \omega \times S + Sf$

　　　　　　　　　$S = \chi \times M + Sf$

［データの仕様］

Y、I、A、S、S_F、S_R、S_0、j-i：　第7章と同様

M=国内銀行勘定（預金+CD+借用金）

［検証項目］

A）　M_0 が貨幣選好貨幣量であること

　A-1)　準通貨->預金通貨への資金移動の検証

　　　　準通貨が、長期保有貨幣選好貨幣量として適する期間の確定

　A-2)　Mと預金通貨+準通貨 の変化の相関の検証

　　　　預金通貨+準通貨が、非正規であることの検証

　A-3)　預金通貨+準通貨、準通貨、M_0、Sf の比較

　　　　準通貨とSfの相関、預金通貨+準通貨とM_0の比較

B)　正規化構造と資産変動の関係の検証：χ と期末資産の比較

C)　ω の価格逆行性の確認：ω と価格の変動の比較

D)　価格増減ソースの確認：V_2 及びχ と価格前年比の比較

E)　短期金利とV_2 の比較

説明)　以上の検証は、正規化構造の実在性確認を目的とするのも
　　である。

［算出例(2007)］

S=768602(10億)、 S_0(=Sf)=295289(10億)、 j-i=0.023(第7章より)

預金通貨=322952(10億)、 準通貨=322814(10億)

消費者物価指数=100.7(2006=100.7)

預金通貨+準通貨 ＝ 322952 + 322814 = 645766(10億)

M ＝ 547143 + 30909 + 20965 = 599017(10億)

Ss ＝ S-M ＝ 768602 − 599017 = 169585(10億)

ω ＝ (M - Sf)/S ＝ (599017 − 295289)/768602 = 0.395(四捨五入)

M_0 ＝ Sf/(1-ω) ＝ 295289/(1-0.395) = 488080(切捨て)(10億)

m1 ＝ Sf/S ＝ 295289/768602 = 0.384(四捨五入)

m2 ＝ Ss/S ＝ 169585/768602 = 0.221(四捨五入)

χ ＝ (1-m1)/(1-m2) ＝ (1-0.384)/(1-0.221) = 0.791(四捨五入)

$\triangle$M/M ＝ (599017-582490)/599017 = 0.028(四捨五入)

消費者物価指数前年比=(100.7-100.7)/100.7=0.0

§2　1976-2010年の算出結果

預金通貨+準通貨	M	S-M	ω	M_0	V_2
1976	129390	106842	71303	0.149	94386	6.71
1977	143910	117643	75516	0.145	104754	6.90
1978	162460	133958	79041	0.159	119020	6.29
1979	176668	144490	88440	0.139	130125	7.19
1980	189511	157498	98615	0.133	142387	7.52
1981	210621	173286	103379	0.137	156913	7.30
1982	226807	186242	117306	0.158	164125	6.33
1983	243008	238568	136700	0.277	186338	3.61
1984	259694	257160	157234	0.275	197656	3.64
1985	283396	281154	186601	0.269	212800	3.72
1986	309108	309383	221819	0.276	224631	3.62
1987	344111	368118	244850	0.326	249830	3.07
1988	377853	417507	264658	0.338	282152	2.96
1989	420943	487464	308526	0.359	314497	2.79
1990	457753	523506	324115	0.353	346480	2.83
1991	469555	511927	339554	0.312	357646	3.21
1992	468691	488369	359223	0.277	350251	3.61
1993	477339	492862	354001	0.283	352605	3.53
1994	491748	500877	345828	0.319	338603	3.13
1995	502355	520513	338958	0.306	370891	3.27
1996	512057	529828	350947	0.291	386080	3.44
1997	525662	544658	363805	0.286	399448	3.50
1998	547952	544897	361247	0.290	396997	3.45
1999	563398	546356	356647	0.303	391136	3.30
2000	567673	541149	373980	0.288	390418	3.47
2001	576637	548790	385120	0.292	390076	3.42
2002	593872	547742	375035	0.302	384883	3.31
2003	604392	556910	376526	0.315	383512	3.17
2004	614354	562554	391334	0.323	375180	3.10
2005	625974	569215	420257	0.302	387034	3.31
2006	630372	582490	496722	0.289	380080	3.46
2007	645766	599017	528447	0.285	388806	3.51
2008		622629	536482	0.306	385916	3.27
2009		628952	520095	0.335	367654	2.99
2010		643062	517896	0.334	383373	2.99

預金通貨+準通貨、M、S-M(=Ss)、M_0：単位10億円

	m1	m2	χ	$\triangle$M/M	消費者物価 指数前年比
1976	0.451	0.400	0.915		
1977	0.464	0.391	0.880	0.101	0.0817
1978	0.470	0.371	0.843	0.139	0.0438
1979	0.481	0.380	0.837	0.079	0.0362
1980	0.482	0.385	0.842	0.090	0.0768
1981	0.489	0.374	0.816	0.100	0.0493
1982	0.455	0.386	0.888	0.075	0.0284
1983	0.359	0.364	1.008	0.281	0.0180
1984	0.346	0.379	1.053	0.078	0.0224
1985	0.333	0.399	1.110	0.093	0.0208
1986	0.306	0.418	1.192	0.100	0.0068
1987	0.275	0.399	1.206	0.190	0.0000
1988	0.274	0.388	1.186	0.134	0.0067
1989	0.253	0.388	1.221	0.168	0.0234
1990	0.264	0.382	1.191	0.074	0.0305
1991	0.289	0.399	1.183	−0.021	0.0328
1992	0.299	0.424	1.217	−0.045	0.0164
1993	0.299	0.418	1.204	0.009	0.0131
1994	0.272	0.408	1.230	0.016	0.0070
1995	0.299	0.394	1.157	0.039	−0.0010
1996	0.311	0.398	1.145	0.018	0.0010
1997	0.314	0.400	1.143	0.028	0.0188
1998	0.311	0.399	1.146	0.000	0.0058
1999	0.302	0.395	1.154	0.003	−0.0029
2000	0.304	0.409	1.178	−0.009	−0.0068
2001	0.296	0.412	1.197	0.014	−0.0078
2002	0.291	0.406	1.194	−0.001	−0.0088
2003	0.281	0.403	1.204	0.017	−0.0030
2004	0.266	0.410	1.244	0.010	0.0000
2005	0.273	0.425	1.264	0.012	−0.0030
2006	0.250	0.460	1.389	0.023	0.0030
2007	0.247	0.469	1.418	0.028	0.0000
2008	0.231	0.463	1.432	0.039	0.0139
2009	0.213	0.453	1.439	0.010	−0.0137
2010	0.220	0.446	1.408	0.022	−0.0070

図8-1　総資産と貨幣量

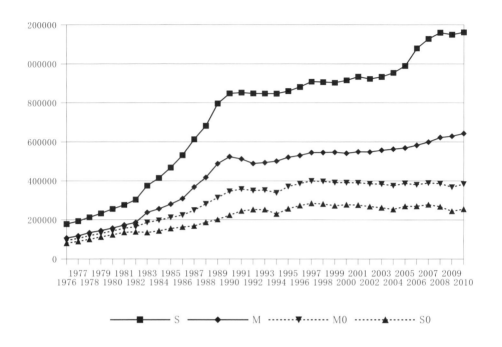

注）1994年、2004年は、前年度米不作のため、M_0、S_0 は参考データ。

図8-2　預金量と金利

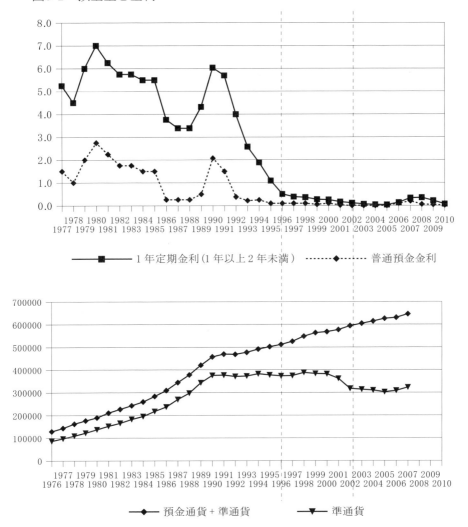

A-1) 1994年まで：定期預金金利と普通預金金利に1%以上差がある。
　　　　　　　預金通貨と準通貨の関係に大きな変化無し。
　　1995-1996年：定期預金と普通預金の金利差縮小で、普通預金
　　　　　　　のみ増加
　　2000-2002年：金利差が無くなり、準通貨減少と同時に預金通
　　　　　　　貨増加

図8-3　貨幣量と預金量

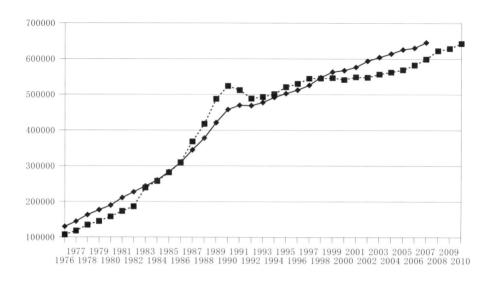

A-2) M と 預金通貨+準通貨 の相関は明らか
　　預金通貨+準通貨が、Mと相関関係にあることより、Mに貨幣
　　選好貨幣量以外、決済用通貨も含むと思われる。

A-1、A-2)からの結論：
　準通貨の長期保有貨幣選好貨幣量としての有効性
　1994年以前：準通貨は長期保有貨幣選好貨幣量として適する。
　1995年以後：準貨幣から預金通貨への資金移動があるため、
　　　　　　　長期保有貨幣全体を表さない。

図8-4　預金量とM₀

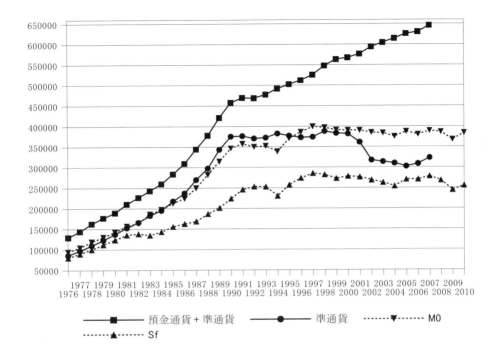

A-3) 預金通貨+準通貨とM₀ の変化は、全体的に相関がある。
1994年までは、準通貨とM₀ は、相関がある。
M₀ は、預金通貨+準通貨と準通貨の間にある。預金通貨に流通用キャッシュが含まれていることで増加率がM₀より高いことを考慮すると、預金通貨+準通貨とM₀は相関がある。
2000年以降の準通貨減少は、M₀ に影響していない。
準通貨とSfは、2000年までは相関がある。

図8-5　貨幣量前年比と χ

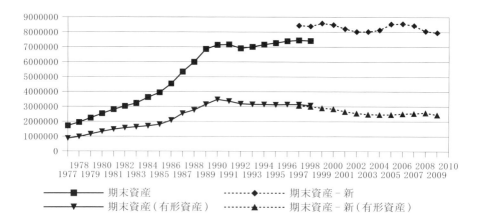

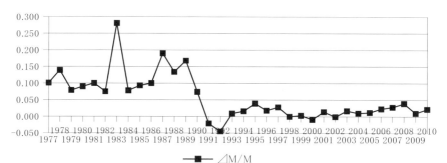

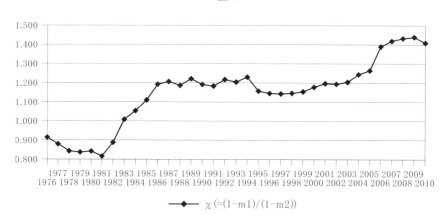

B)　χ 上昇期(1981-89)：期末資産増加
　　χ 減少期(1976-81、1994-2007)：期末資産の微増、横這い
　　△M/M < 1.0 で、χ に対する抑制傾向が見られる。

図8-6　消費者物価指数とω

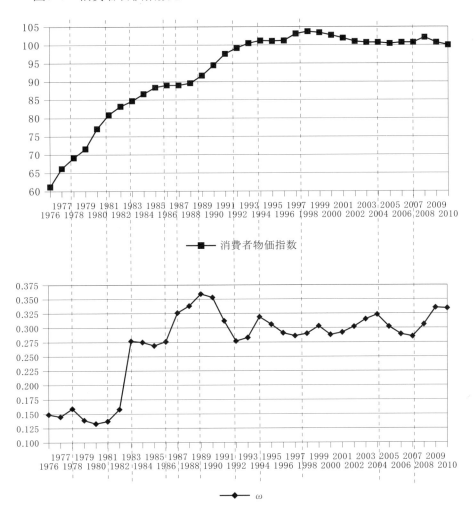

C) ω短期上昇期(1981-83、1986-87、1992-94)：物価上昇率低下傾向
　 ω長期上昇期(1997-2004)：物価減少傾向
　 ω短期減少期(1978-80、1989-92、2004-07)：物価増加傾向
　 ω=0.27(1983年)が、物価安定期の開始時期。

図8-7　消費者物価指数前年比、V_2 及び χ

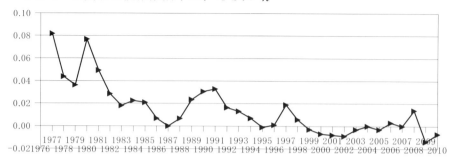

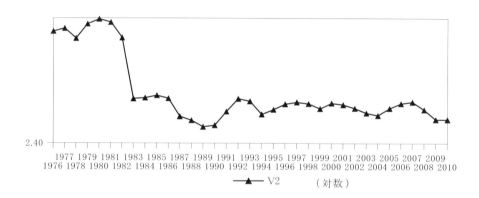

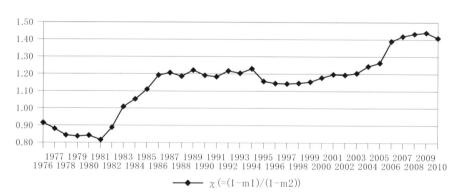

D) 1987-89年：V_2 の減少は、χ 上昇大により物価よりも資産価格上昇が大きいためと思われる。（図8-5 参照）
　1982-89年以外：物価とV_2 には、相関がみられる。

図8-8　短期金利とV_2

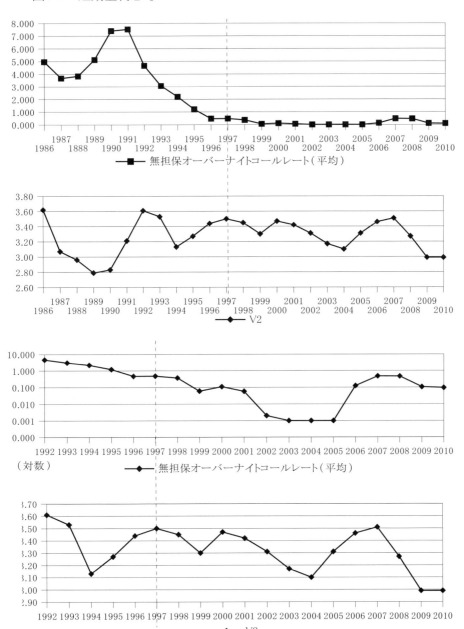

E) 1997年以降、短期金利とV_2の相関がみられる。

§ 3 データ

消費者物価指数
    日本統計年鑑 2013　1995-2010（2010=100）(p. 560)
    日本統計年鑑 1998　1980-1994（1995=100）(p. 544)
    経済統計年報 1993　1976-1979（1990=100）(p. 322)
国内銀行勘定（預金、CD、借用金）
    日本銀行統計 2012　1982-2010 (p. 73-75)
    経済統計年報 1997　1976-1981 (p. 57-58)
預金通貨, 準通貨
    日本銀行統計 2012　2008-2010 (p. 40, 41)
                     1978-2007 (p. 358)
    経済統計年報 1997　1976-1977 (p. 27)
1年定期金利（1年以上2年未満）
    日本銀行統計 2012　1990-2010 (p. 99)
    経済統計年報 1991　1984-1989 (p. 167)
    経済統計年報 1984　1976-1983 (p. 181)
無担保オーバーナイトコールレート（平均）
    日本銀行統計 2012 1986-2010　(p. 52)
普通預金金利
    日本の統計 2012　2010-2010 (p. 195)
    日本の統計 2010　2008-2009 (p. 193)
    日本の統計 2008　2006-2007 (p. 193)
    日本の統計 2006　2004-2005 (p. 191)
    日本の統計 2004　2002-2003 (p. 191)
    日本の統計 2002　2000-2001 (p. 202)
    日本の統計 2000　1998-1999 (p. 198)
    経済統計年報 1997　1988-1997 (p. 145)
    経済統計年報 1991　1984-1987 (p. 167)
    経済統計年報 1984　1976-1983 (p. 181)
ストック総合勘定　期末資産、有形資産（1998-1999 段差有り）
    日本の統計 2012　2008-2009 (p. 39)
    日本統計年鑑 2010　2005-2007 (p. 103)
    日本統計年鑑 2007　2001-2004 (p. 101)
    日本統計年鑑 2003　1997-2000 (p. 157)

    日本の統計 2000　1997-1998 (p. 62、p. 63)
    経済統計年報 1997　1988-1996 (p. 352-355)
    経済統計年報 1991　1984-1987 (p. 339-340)
    経済統計年報 1984　1977-1983 (p. 353-356)

	国内銀行勘定			預金通貨	準通貨	預金金利		無担保オーバー
	預金	CD	借用金			定期	普通	ｲﾄｺｰﾙﾚｰﾄ
1976	104648		2194	43321	86069	6.750	2.500	
1977	115238		2405	46664	97246	5.250	1.500	
1978	131048		2910	52669	109791	4.500	1.000	
1979	140744	1524	2222	53968	122700	6.000	2.000	
1980	152978	2041	2479	52097	137414	7.000	2.750	
1981	168744	2806	1736	57925	152696	6.250	2.250	
1982	179995	3888	2359	61123	165684	5.750	1.750	
1983	229649	5043	3876	60226	182782	5.750	1.750	
1984	246238	7741	3181	64260	195434	5.500	1.500	
1985	268150	8655	4349	65572	217824	5.500	1.500	
1986	293605	9096	6682	72016	237092	3.760	0.260	4.96133
1987	351050	10197	6871	74390	269721	3.390	0.260	3.66879
1988	394784	15368	7355	80322	297531	3.390	0.260	3.83478
1989	459803	20393	7268	77793	343150	4.320	0.500	5.11710
1990	495402	18247	9857	82373	375380	6.039	2.080	7.39790
1991	477906	16864	17157	93073	376482	5.700	1.500	7.52534
1992	453047	16364	18958	98035	370656	3.996	0.380	4.65981
1993	456066	18879	17917	104765	372574	2.581	0.220	3.05935
1994	462348	18334	20195	109312	382436	1.885	0.250	2.19571
1995	478770	24133	17610	125313	377042	1.091	0.100	1.21000
1996	477581	31874	20373	139062	372995	0.504	0.100	0.47000
1997	481653	38464	24541	151550	374112	0.388	0.100	0.48000
1998	483375	39081	22441	160093	387859	0.363	0.100	0.37000
1999	490033	35363	20960	180133	383265	0.273	0.050	0.06000
2000	486190	38337	16622	185911	381762	0.256	0.100	0.11000
2001	489785	44115	14890	215109	361528	0.168	0.020	0.05800
2002	504446	29638	13658	276648	317224	0.113	0.003	0.00200
2003	514181	30049	12680	291037	313355	0.068	0.003	0.00100
2004	520618	30096	11840	304666	309688	0.046	0.001	0.00100
2005	528147	29823	11245	323878	302096	0.036	0.001	0.00100
2006	530801	29660	22029	322036	308336	0.137	0.099	0.12500
2007	547143	30909	20965	322952	322814	0.338	0.196	0.47300
2008	558714	32658	31257			0.351	0.057	0.46200
2009	570991	32417	25544			0.219	0.039	0.10500
2010	579679	34568	28815			0.072	0.020	0.09400

単位：10億円、　　定期金利 ＝ 1-2年未満

年	期末資産	有形資産	期末資産(新)	有形資産(新)	消費者物価指数		2010=100
1976					64.8		61.2
1977	1719550	872265			70.1	1990	66.2
1978	1942167	979610			73.1	=100	69.1
1979	2238947	1159547			75.8		71.6
1980	2530460	1329607			76.3		77.1
1981	2800540	1470674			80.0		80.9
1982	3022190	1569074			82.3		83.2
1983	3225350	1627429			83.8		84.7
1984	3617688	1698038			85.7		86.6
1985	3935905	1804355			87.4		88.4
1986	4536027	2080532			88.0		89.0
1987	5340773	2540980			88.0	1995	89.0
1988	5994141	2763129			88.6	=100	89.6
1989	6858142	3152070			90.7		91.7
1990	7136585	3473167			93.5		94.5
1991	7162785	3360057			96.5		97.6
1992	6905091	3183423			98.1		99.2
1993	7004166	3151583			99.4		100.5
1994	7157494	3139830			100.1		101.2
1995	7264191	3118492			101.1		101.1
1996	7390647	3139861			101.2		101.2
1997	7441690	3139440	8429587	3062737	103.1		103.1
1998	7406995	3072824	8381717	2995969	103.7		103.7
1999			8581196	2906439	103.4		103.4
2000			8477456	2840663	102.7		102.7
2001			8208492	2662190	101.9		101.9
2002			8018420	2556710	101.0	2010	101.0
2003			8020775	2481869	100.7	=100	100.7
2004			8127641	2461180	100.7		100.7
2005			8530719	2468316	100.4		100.4
2006			8549294	2515294	100.7		100.7
2007			8427747	2544266	100.7		100.7
2008			8048055	2582537	102.1		102.1
2009			7954197	2446155	100.7		100.7
2010					100.0		100.0

期末資産、有形資産 単位=10億円

第9章　1923年ドイツの金融

(貨幣選好)=0 のケースとして扱う。　(M = ω×S)

§ 1　検証仕様と算出結果

　　検証対象 ： 1923/02-1923/10　ドイツ
　　検証内容： 価格とωの逆行関係(図9-1)
　　　　　　　　　M=△M となる期間(図9-2)
　　データ仕様：
　　　S = 割引大蔵省証券 + 手形及び小切手
　　　M = 銀行券流通残高
　　　以上、月末のデータを使用(文献16 p.60-61)
　　　Sは、主要勘定のみの合計値のため、その分ωの値が高くなる。
　　　価格1 = 紙幣マルク/金マルク （万マルク）
　　　　　　　　各月平均のデータを使用(文献15 p.457)
　　　価格2 = 紙幣計算の生計費指数(文献15 p.459)

算出結果：

マルク（10億マルク）

	S	M	S-M	△M	ω
1923/01	2306	1984	322		0.86
1923/02	4776	3512	1264	1528	0.74
1923/03	6924	5517	1407	2005	0.80
1923/04	9210	6545	2665	1028	0.71
1923/05	12035	8563	3472	2018	0.71
1923/06	25253	17291	7962	8728	0.68
1923/07	72066	43594	28472	26303	0.60
1923/08	1151862	663200	488662	619606	0.58
1923/09	48876318	28228815	20647503	27565615	0.58
1923/10					
	7636780793	2496822909	5139957884	2468594094	0.33
1923/11					
	444175368026	400267640301	43907727725	397770817392	0.90

(その後の経過　文献16 より)

1923/10/15　レンテンマルク発行(流通は国内限定)

1923/12/22　割引大蔵省証券消滅

1924/08/30　賠償金支払が1/3に軽減される。

1924/10/11　レンテンマルク発行停止

図9-1 ωと価格

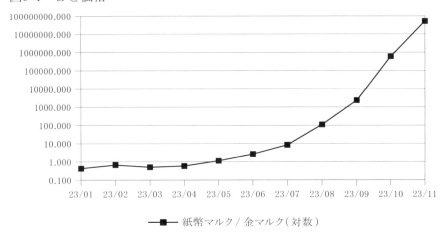

―■― 紙幣マルク／金マルク（対数）

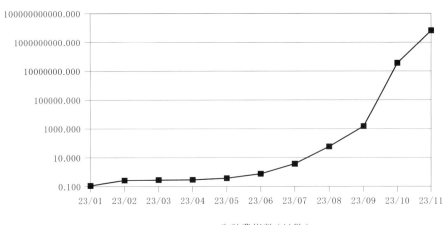

―■― 生計費指数（対数）

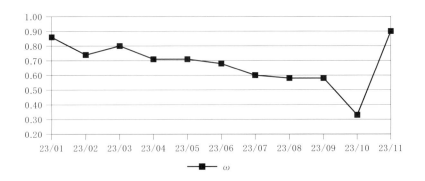

―■― ω

図9-2 Mと△M

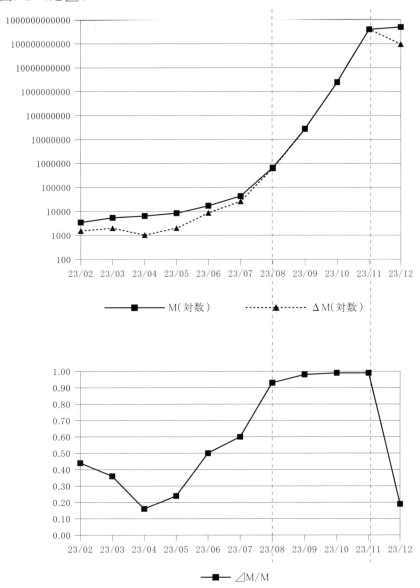

M=△M となる期間 = 1923/08-11

§ 2　データ

文献15 p.457　「第四表　金マルクに対する紙幣マルクの換算率」より

紙幣マルク/金マルク

	マルク	1万マルク
1923/01	4281	0.428
1923/02	6650	0.665
1923/03	5047	0.504
1923/04	5825	0.582
1923/05	11355	1.135
1923/06	26202	2.620
1923/07	84186	8.418
1923/08	1100632	110.063
1923/09	23.5*100,0000	2350.000
1923/10	6.1*1,000,000,000	610000.000
1923/11	522.3*1,000,000,000	52230000.000
1923/12	1000.0*1,000,000,000	100000000.000

(各月平均)

文献15 p.459　「第五表　独逸の物価　(C)紙幣計算の生計費指数」より

	マルク	1万マルク
1923/01	1120	0.112
1923/02	2643	0.264
1923/03	2854	0.285
1923/04	2954	0.295
1923/05	3816	0.381
1923/06	7650	0.765
1923/07	37651	3.765
1923/08	586045	58.604
1923/09	15.0*1,000,000	1500.000
1923/10	3.66*100,000,000,000	36600000.000
1923/11	657*100,000,000,000	6570000000.000
1923/12	1247*100,000,000,000	12470000000.000

(各月平均)

文献16 p.60-61「第四表ライヒスバンク主要勘定の推移」より

	割引大蔵省証券	手形及び小切手	銀行券流通残高
1923/01	1609	697	1984
1923/02	2947	1829	3512
1923/03	4552	2372	5517
1923/04	6224	2986	6545
1923/05	8021	4014	8563
1923/06	18339	6914	17291
1923/07	53752	18314	43594
1923/08	987218	164644	663200
1923/09	45216224	3660094	28228815
1923/10	6578650938	1058129855	2496822909
1923/11	96874330250	347301037776	400267640301
1923/12	0	307489740666	496507424771

（各月末のデータ、単位 10億マルク）

第10章　1920-1936年　米国の金融

1920-1921年と1929-1933年の2つの不況を、正規化構造により比較して相違を検証する。

§1　検証項目とデータ仕様

［経済モデル］　$M = \omega \times S + Sf$
　　　　　　　　$S = \chi \times M + Sf$
［検証項目］
A) 期間ごとに特徴を比較する。
B) 金利とω：短期金利とV_2の変化の関連性
C) 価格とω：価格とV_2の変化の関連性

［データ仕様］
Y = 私企業による生産所得
S = 銀行資産
M = 預金額
労働力人口 = 製造業労働者数
就労者数 = 製造業就労者数
失業者数 = 製造業失業者数
Sf = 農業賃金×就労者数
価格 = 消費者物価指数(CPI)
賃金 = 建築業賃金/時指数
実質賃金前年比 = 建築業賃金指数前年比 − CPI前年比
就業時間 = 建築業週当たり就業時間指数
失業率 = 失業者数/労働力人口
短期金利 = 4-6カ月優良商業手形

§2　算出結果

	Sf	m1	m2	ω	V_2	χ	M_0
1917	20488	0.552	0.179	0.269	3.72	0.546	28027
1918	25451	0.625	0.199	0.176	5.68	0.468	30887
1919	28243	0.593	0.209	0.198	5.05	0.514	35215
1920	32244	0.610	0.210	0.179	5.59	0.493	39274
1921	19900	0.401	0.220	0.378	2.65	0.768	31993
1922	20665	0.411	0.182	0.407	2.46	0.720	34848
1923	24774	0.460	0.179	0.361	2.77	0.658	38769
1924	24998	0.438	0.164	0.398	2.51	0.673	41524
1925	25984	0.420	0.160	0.420	2.38	0.691	44800
1926	27298	0.422	0.164	0.414	2.42	0.691	46583
1927	27191	0.400	0.164	0.435	2.30	0.718	48125
1928	27634	0.388	0.179	0.433	2.31	0.745	48737
1929	29330	0.409	0.193	0.399	2.51	0.732	48801
1930	26542	0.361	0.185	0.453	2.21	0.784	48522
1931	19393	0.278	0.185	0.537	1.86	0.886	41885
1932	13012	0.228	0.206	0.566	1.77	0.973	29981
1933	11648	0.227	0.190	0.583	1.72	0.955	27932
1934	13935	0.248	0.170	0.582	1.72	0.906	33337
1935	15355	0.254	0.146	0.600	1.67	0.873	38387
1936	17214	0.256	0.132	0.612	1.63	0.857	44365
1937	19992	0.290	0.132	0.578	1.73	0.818	47374

Sf、M_0 ：100万ドル

	失業率	CPI 前年比	建築業賃金/時 指数前年比	建築業実質 賃金前年比
1917	−0.046			
1918	−0.074	0.143	0.0993	−0.0432
1919	−0.020	0.116	0.1272	0.0110
1920	0.013	0.134	0.2586	0.1249
1921	0.112	−0.154	0.0182	0.1735
1922	0.068	−0.049	−0.0657	−0.0155
1923	0.017	0.026	0.0947	0.0687
1924	0.046	0.013	0.0739	0.0611
1925	0.018	0.023	0.0374	0.0143
1926	0.010	0.006	0.0612	0.0554
1927	0.035	−0.022	0.0329	0.0553
1928	0.039	−0.013	0.0065	0.0203
1929	0.009	−0.004	0.0129	0.0178
1930	0.059	−0.034	0.0402	0.0753
1931	0.142	−0.108	0.0031	0.1119
1932	0.227	−0.118	−0.1708	−0.0515
1933	0.234	−0.039	−0.0284	0.0116
1934	0.190	0.057	0.0074	−0.0493
1935	0.176	0.034	0.0109	−0.0232
1936	0.141	0.023	0.0352	0.0126
1937	0.122	0.042	0.0647	0.0226

図10-1

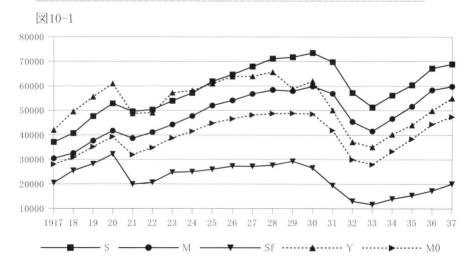

図10-2 生産、物価、雇用の変動比較

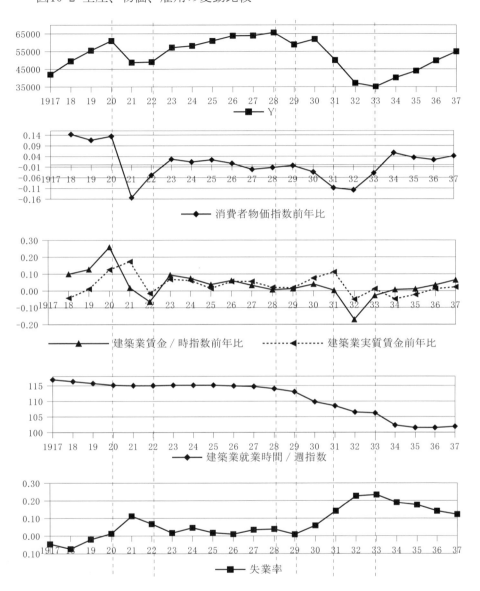

A) 1920-22： 生産、物価、賃金、雇用が同時に調整
　 1928-29： 生産、就業時間の減少（時短による生産量の調整）
　 1929-31： 生産、物価、就業時間、雇用の調整、名目賃金は横這
　 1931-33： 生産、物価、就業時間、雇用・賃金の調整
　　　　　　（就業時間以外、1920-22と同様）
　 1933-36： 就業時間以外、回復傾向

図10-3 物価と金融変数の比較(1917-32)

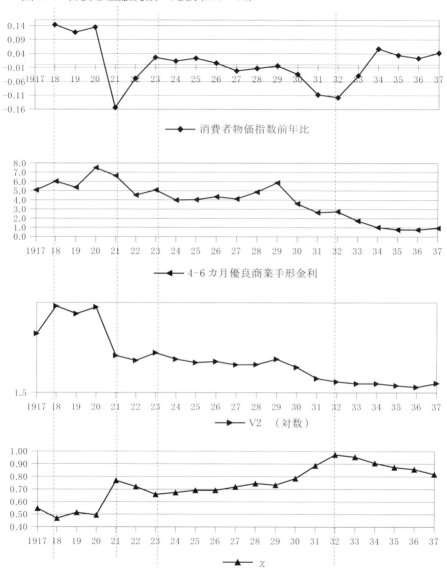

B) 短期金利とV_2 ：変動に相関がある。
C) 物価とV_2 ：χの増加・横這い状態の期間(1918-21、1923-32)に
   おいて、変動に相関がある。
   1929-32年：χの増加は、Sと比較してYの縮小率が大による。

図10-4 物価と金融変数の比較(1932-37)

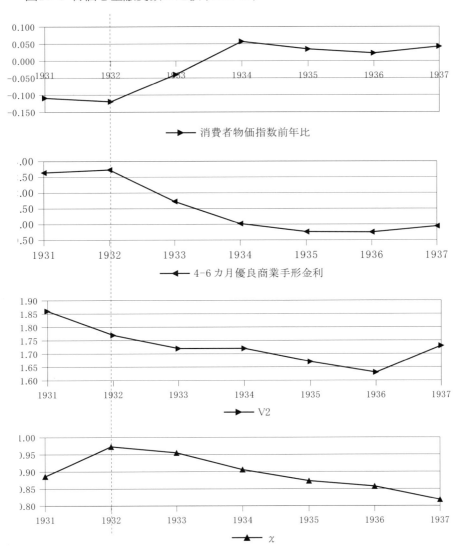

B) 短期金利とV_2：変動に相関がある。
C) 物価とV_2： 逆行の関係がある。V_2 は、銀行BS上の貨幣流通速度のため銀行の信用拡大不活発のための低下と思われる。実際、χ の減少、即ち、m2のm1に対する相対的減少が見られる。

§3 データ

Historical Statistics Of The United States, 1789-1945
Bureau Of The Census
私企業による生産所得　Series A 154 p.14
製造業労働者数　Series D 62　p.65
製造業就労者数　Series D 64　p.65
製造業労働失業者数　Series D 65　p.65
建築業　賃金指数、就業時間指数　Series D 152, 153　p.69
農業賃金　　Series D 173 p.70
消費者物価指数　Series L 40　p.236
銀行 資産　　Series N 20　p.262
　　　預金　　Series N 26　p.262
短期金利　　Series N 186　p.278

| | 生産所得 | 製造業(千人) | | | 建築業(指数1939=100) | |
	(100万ﾄﾞﾙ)	労働者数	就労者数	失業者数	賃金/時	就業時間/週
1917	42014	40752	42685	−1933	40.8	116.9
1918	49520	41088	44187	−3099	45.3	116.3
1919	55539	41159	42029	−870	51.9	115.7
1920	60995	41897	41339	558	70.0	115.1
1921	48763	42445	37691	4754	71.3	115.0
1922	49036	42966	40049	2917	66.9	115.0
1923	57213	43760	43011	749	73.9	115.1
1924	58178	44549	42515	2034	79.8	115.1
1925	60949	45009	44192	817	82.9	115.1
1926	63857	45962	45498	464	88.3	114.9
1927	63942	46939	45319	1620	91.3	114.7
1928	65653	47914	46057	1857	91.9	114.0
1929	58872	48354	47925	429	93.1	113.0
1930	61968	49006	46081	2896	97.0	109.8
1931	50066	49597	42530	7037	97.3	108.5
1932	37132	50132	38727	11385	83.1	106.5
1933	35074	50691	38827	11842	80.8	106.2
1934	40205	51267	41474	9761	81.4	102.3
1935	44037	51769	42653	9092	82.3	101.5
1936	49852	52237	44830	7386	85.3	101.5
1937	54959	52692	46279	6403	91.2	101.9

	農業賃金 (月額・ドル)	CPI (1923=100)	銀行(100万ドル) 資産	預金	4-6カ月優良商 業手形金利(%)
1917	40	77.6	37126	30470	5.07
1918	48	90.5	40726	32615	6.02
1919	56	102.4	47615	37685	5.37
1920	65	118.2	52828	41725	7.50
1921	44	102.3	49584	38664	6.62
1922	43	97.4	50294	41128	4.52
1923	48	100.0	53905	44249	5.07
1924	49	101.3	57084	47709	3.98
1925	49	103.7	61898	51995	4.02
1926	50	104.3	64686	54069	4.34
1927	50	102.0	67922	56751	4.11
1928	50	100.6	71137	58431	4.85
1929	51	100.1	71718	57910	5.85
1930	48	96.7	73462	59847	3.59
1931	38	87.2	69757	56864	2.64
1932	28	77.9	57190	45390	2.73
1933	25	74.9	51293	41533	1.73
1934	28	79.4	56157	46625	1.02
1935	30	82.2	60386	51586	0.76
1936	32	84.1	67188	58339	0.75
1937	36	87.8	68924	59822	0.94

第11章　貨幣の絶対価値と為替相場の比較

§1 検証仕様とデータの仕様

［経済モデル］　M ＝ ω×S ＋ Sf　　　S ＝ χ×M ＋ Sf
　　　　M＝預金等、S＝銀行の資産、Sf＝最低信用額、j−i＝公定歩合

［データの仕様］

US：　S ＝ 商業銀行資産総額+S&L資産総額+CU資産総額
　　　M ＝ 商業銀行（預金+借入金）+S&L（預金+借入金）+CU（預金）
　　　Sf ＝ 雇用者報酬 − 最低賃金総額
　　　最低賃金総額 ＝ （最低賃金×8×22×12）×労働力人口
　　　短期金利 ＝ FFレート

GB：　S ＝ 民間銀行の資産計、　M ＝ 民間銀行（預金）
　　　Sf ＝ 賃金・俸給
　　　短期金利 ＝ 大蔵省証券入札利率91日（TBレート）

GE：　S ＝ 金融機関資産計（商業銀行、貯蓄銀行、振替銀行、
　　　　　　信用組合、農業信用組合など）
　　　M ＝ 金融機関（預金+借入金）
　　　Sf ＝ 賃金・俸給
　　　短期金利 ＝ コールレート翌日物

FR：　S ＝ 民間銀行資産計（銀行委員会の監督下にある銀行）
　　　M ＝ 民間銀行（預金+借入金）
　　　Sf ＝ 雇用者報酬 − 最低賃金総額
　　　最低賃金総額 ＝ （最低賃金×8×22×12）×労働力人口
　　　短期金利 ＝ コールレート翌日物

JP：　S ＝ 第7章と同じ、　　M ＝ 第8章と同じ
　　　Sf ＝ 雇用者報酬 − 最低賃金総額
　　　最低賃金総額 ＝ （東京都最低賃金×8×22×12）×労働力人口
　　　短期金利 ＝ 有担保オーバーナイトコールレート

［検証内容］

A）モデル/データ検証：消費者物価指数前年比、短期金利、
　　　V_2 の比較

B）モデル/データ検証：名目賃金前年比、実質賃金前年比、
　　　V_2 の比較（V_2 がCPI、賃金の変動のいづれに関連するか、
　　　国別に検証）

C）対ドルZ比とCPI前年比の比較（参照 命題 p-36）

D）絶対価値前年比の安定性（参照 命題 p-33）

E）経常収支前年比、対ドル交換レート、対ドルZ比の短期変動
　　を除いた長期的傾向を比較（経常収支は国の競争力を反映、交換
　　レートは単純労働に関連、絶対価値は競争に由来する価値に由
　　来することの観点より変動を比較する）

§2　US 算出結果

	ω_US	V_2_US	χ_US	Z_US	Z_US 前年比	平均賃金 A	平均賃金 前年比	B
1976	0.457	2.19	0.686	0.482		101		
1977	0.438	2.28	0.664	0.466	−0.032	108	0.0648	−0.0002
1978	0.452	2.21	0.691	0.499	0.071	116	0.0690	−0.0070
1979	0.477	2.10	0.676	0.542	0.086	126	0.0794	−0.0336
1980	0.484	2.07	0.669	0.556	0.026	138	0.0870	−0.0480
1981	0.474	2.11	0.645	0.539	−0.030	150	0.0800	−0.0230
1982	0.482	2.07	0.635	0.527	−0.021	159	0.0566	−0.0054
1983	0.473	2.11	0.634	0.517	−0.018	166	0.0422	0.0102
1984	0.454	2.20	0.608	0.493	−0.045	175	0.0514	0.0084
1985	0.449	2.23	0.602	0.485	−0.015	184	0.0489	0.0129
1986	0.454	2.20	0.604	0.480	−0.009	191	0.0366	0.0176
1987	0.429	2.33	0.592	0.456	−0.049	200	0.0450	0.0090
1988	0.409	2.44	0.571	0.437	−0.041	212	0.0566	0.0156
1989	0.373	2.68	0.536	0.401	−0.081	220	0.0364	−0.0116
1990	0.352	2.84	0.528	0.376	−0.061	230	0.0435	−0.0105
1991	0.352	2.84	0.535	0.365	−0.028	239	0.0377	−0.0043
1992	0.301	3.32	0.498	0.310	−0.150	250	0.0440	0.0140
1993	0.271	3.69	0.494	0.279	−0.099	256	0.0234	−0.0066
1994	0.244	4.10	0.500	0.256	−0.081	262	0.0229	−0.0031
1995	0.234	4.27	0.521	0.247	−0.034	273	0.0403	0.0123
1996	0.256	3.91	0.530	0.269	0.089	285	0.0421	0.0121
1997	0.274	3.65	0.542	0.288	0.071	299	0.0468	0.0238
1998	0.263	3.80	0.537	0.275	−0.044	318	0.0597	0.0437
1999	0.255	3.92	0.512	0.268	−0.024	333	0.0450	0.0230
2000	0.233	4.29	0.503	0.248	−0.074	352	0.0540	0.0200
2001	0.255	3.92	0.508	0.258	0.040	361	0.0249	−0.0031
2002	0.284	3.52	0.549	0.286	0.109	366	0.0137	−0.0023
2003	0.297	3.37	0.545	0.303	0.059	372	0.0161	−0.0069
2004	0.306	3.27	0.572	0.316	0.043	389	0.0437	0.0167
2005	0.331	3.02	0.602	0.349	0.104	401	0.0299	−0.0041
2006	0.334	2.99	0.622	0.356	0.020	419	0.0430	0.0110
2007	0.371	2.70	0.669	0.390	0.096	437	0.0412	0.0132
2008	0.390	2.56	0.742	0.392	0.005	449	0.0267	−0.0113
2009	0.431	2.32	0.735	0.433	0.105	446	−0.0066	−0.0026
2010	0.427	2.34	0.718	0.430	−0.006	458	0.0262	0.0102

A=賃金・俸給/雇用者数(年・100ドル)、B=前年比−CPI前年比

図11-2-1　CPI、短期金利とV_2 の比較

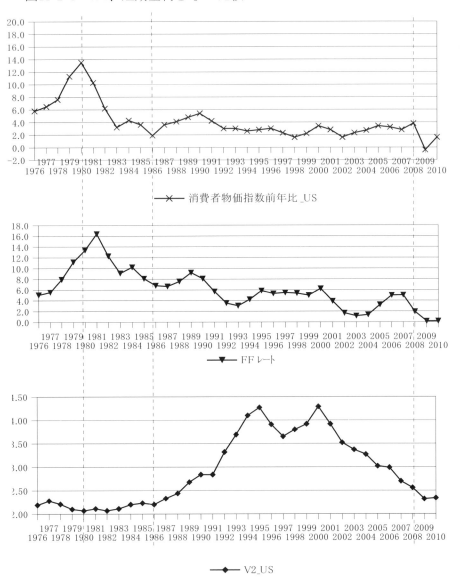

A) FFレートと物価指数前年比：相関がみられる。
　　金利は物価変動と相殺されていると考えられる。
　V_2 ：金利、物価よりも実質賃金との関連が深い。（図11-2-2）

図11-2-2　賃金とV_2 の比較

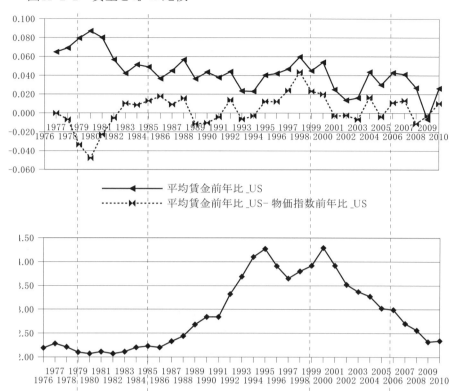

B) V_2 と実質賃金との相関が見られる。
実質賃金が、名目賃金を物価変動で相殺したものと考えると
V_2 が流通の調整機能を最終的に担っているといえる。

図11-2-3　絶対価値前年比の安定性

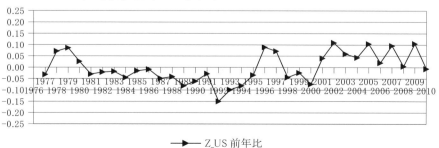

E) 殆ど、±10%以内に分布

データ）インターネットアドレス=2014-15年時点のもの
雇用者報酬、賃金・俸給
　　アメリカ合衆国経済分析局（www.bea.gov/）
　　www.bea.gov/national/nipaweb/DownSS2.asp
　　　　Section2　Compensation of employees（W209RC1）
　　　　　　　　　Wages and salaries（A576RC1）
　　　　　　　（Data published October 30, 2014）
最低賃金　アメリカ合衆国労働省（www.dol.gov/）
　　　　　　　Historical Minimum Wage Rates
労働力人口、雇用者数　アメリカ合衆国労働統計局（www.bls.gov/）
　　www.bls.gov/cps/tables.htm#annual
　　HOUSEHOLD DATA - ANNUAL ABERAGES
　　1.Employment status of the civilian noninstitutional
　　　population, 1944 to date
消費者物価指数　アメリカ合衆国労働統計局（www.bls.gov/）
　　CPI Database　CPI Detailed Report-March 2015 Table24
商業銀行 資産、負債（預金額、借入金）12月
　　　　　www.federalreserve.gov/releases/　H8 1976-2010
貯蓄貸付組合（S&L）資産、負債（預金、借入金）
　FDIC（連邦預金保険公社　www.fdic.gov/）
　　　　Savings Institution Reports 1984-2010 Table SL12、SL17
　　外国経済統計年報1990　　　　　　1976-1983（p.40）
クレジット・ユニオン（CU）　www.cuna.org/
　　資産、預金　Long Run Trends（1939-Present）
公定歩合　日本を中心とする国際比較統計2000　1977-1999（p.44）
　　　www.boj.or.jp/statistics/（金融経済統計月報）　2000-2010
FFレート　www.federalreserve.gov/releases/h15/data.htm
　　　Historical Data　H15/H15/RIFSPFF_N.A
経常収支　アメリカ合衆国経済分析局（www.bea.gov/）
　　　www.bea.gov/iTable/index_ita.cfm　2015/03-06

	雇用者 報酬	賃金 ・俸給	労働力 人口	雇用者 数	最低 賃金	CPI A	B
1976	1051	899	96158	88752	2.30	56.9	5.8
1977	1169	994	99009	92017	2.30	60.6	6.5
1978	1320	1120	102251	96048	2.65	65.2	7.6
1979	1481	1253	104962	98824	2.90	72.6	11.3
1980	1626	1373	106940	99303	3.10	82.4	13.5
1981	1795	1511	108670	100397	3.35	90.9	10.3
1982	1894	1587	110204	99526	3.35	96.5	6.2
1983	2013	1677	111550	100834	3.35	99.6	3.2
1984	2217	1844	113544	105005	3.35	103.9	4.3
1985	2389	1982	115461	107150	3.35	107.6	3.6
1986	2543	2102	117834	109597	3.35	109.6	1.9
1987	2724	2256	119865	112440	3.35	113.6	3.6
1988	2950	2439	121669	114968	3.35	118.3	4.1
1989	3142	2583	123869	117342	3.35	124.0	4.8
1990	3342	2741	125840	118793	3.80	130.7	5.4
1991	3452	2814	126346	117718	4.25	136.2	4.2
1992	3671	2965	128105	118492	4.25	140.3	3.0
1993	3820	3079	129200	120259	4.25	144.5	3.0
1994	4010	3236	131056	123060	4.25	148.2	2.6
1995	4202	3418	132304	124900	4.25	152.4	2.8
1996	4422	3616	133943	126708	4.75	156.9	3.0
1997	4714	3876	136297	129558	5.15	160.5	2.3
1998	5077	4181	137673	131463	5.15	163.0	1.6
1999	5410	4458	139368	133488	5.15	166.6	2.2
2000	5856	4825	142583	136891	5.15	172.2	3.4
2001	6046	4954	143734	136933	5.15	177.1	2.8
2002	6141	4996	144863	136485	5.15	179.9	1.6
2003	6364	5137	146510	137736	5.15	184.0	2.3
2004	6739	5421	147401	139252	5.15	188.9	2.7
2005	7086	5692	149320	141730	5.15	195.3	3.4
2006	7502	6057	151428	144427	5.15	201.6	3.2
2007	7898	6395	153124	146047	5.85	207.3	2.8
2008	8078	6531	154287	145362	6.55	215.3	3.8
2009	7787	6251	154142	139877	7.25	214.5	-0.4
2010	7961	6377	153889	139064	7.25	218.1	1.6

雇用者報酬、賃金・俸給：10億ドル、労働力人口、雇用者数：千人
最低賃金：時・ドル、A=1982-84=100、B=前年比(%)

	商業銀行勘定			S&L			CU	
	資産	預金	借入金	資産	預金	借入金	資産	預金
1976	999	825	22	391	335	19	44	38
1977	1104	910	29	459	386	27	53	45
1978	1255	1003	53	523	430	42	61	52
1979	1433	1072	176	578	470	55	64	55
1980	1588	1185	211	630	511	64	68	61
1981	1696	1248	254	664	525	88	72	64
1982	1840	1365	280	707	567	97	82	74
1983	1984	1479	280	773	634	92	98	89
1984	2181	1612	315	846	716	94	112	102
1985	2379	1761	347	938	781	109	137	125
1986	2595	1924	391	1020	820	139	166	152
1987	2733	1985	408	1091	850	185	181	166
1988	2929	2115	457	1160	882	212	196	178
1989	3134	2241	515	1011	786	158	206	187
1990	3286	2338	526	870	695	113	221	201
1991	3373	2466	465	768	633	76	242	219
1992	3462	2497	467	713	581	70	269	243
1993	3617	2533	498	687	535	86	286	255
1994	3840	2532	584	706	523	115	298	263
1995	4169	2651	646	739	542	121	316	278
1996	4375	2834	683	738	526	136	336	295
1997	4784	3080	810	710	497	136	360	315
1998	5249	3293	945	759	503	172	398	349
1999	5560	3474	1078	791	512	194	422	367
2000	6063	3724	1171	816	532	196	449	389
2001	6388	4079	1168	861	569	194	514	449
2002	6929	4351	1318	881	595	185	574	500
2003	7310	4627	1365	853	636	207	629	545
2004	8030	5151	1478	1092	677	256	668	574
2005	8768	5590	1638	1458	893	359	700	596
2006	9752	6093	1869	1501	947	328	732	621
2007	10814	6665	2133	1738	1027	473	776	652
2008	12314	7207	2457	1428	889	380	832	697
2009	11714	7680	1900	1165	825	196	903	770
2010	11817	7860	1885	1149	836	162	934	804

単位：10億ﾄﾞﾙ

	S	M	最低賃 金総額	Sf	公定 歩合	FF レート
1976	1434	1239	467	584	5.25	5.05
1977	1616	1397	480	689	6.00	5.54
1978	1839	1580	572	748	9.50	7.94
1979	2075	1828	642	839	12.00	11.20
1980	2286	2032	700	926	13.00	13.35
1981	2432	2179	768	1027	12.00	16.39
1982	2629	2383	779	1115	8.50	12.24
1983	2855	2574	789	1224	8.50	9.09
1984	3139	2839	803	1414	8.00	10.23
1985	3454	3123	816	1573	7.50	8.10
1986	3781	3426	833	1710	5.50	6.80
1987	4005	3594	848	1876	6.00	6.66
1988	4285	3844	860	2090	6.50	7.57
1989	4351	3887	876	2266	7.00	9.21
1990	4377	3873	1009	2333	6.50	8.10
1991	4383	3859	1134	2318	3.50	5.69
1992	4444	3858	1149	2522	3.00	3.52
1993	4590	3907	1159	2661	3.00	3.02
1994	4844	4017	1176	2834	4.75	4.21
1995	5224	4238	1187	3015	5.25	5.83
1996	5449	4474	1343	3079	5.00	5.30
1997	5854	4838	1482	3232	5.00	5.46
1998	6406	5262	1497	3580	4.50	5.35
1999	6773	5625	1515	3895	5.00	4.97
2000	7328	6012	1550	4306	6.00	6.24
2001	7763	6459	1563	4483	1.25	3.88
2002	8384	6949	1575	4566	0.75	1.67
2003	8792	7380	1593	4771	2.00	1.13
2004	9790	8136	1603	5136	3.25	1.35
2005	10926	9076	1624	5462	5.25	3.22
2006	11985	9858	1647	5855	6.25	4.97
2007	13328	10950	1891	6007	4.75	5.02
2008	14574	11630	2134	5944	0.50	1.92
2009	13782	11371	2360	5427	0.50	0.16
2010	13900	11547	2356	5605	0.75	0.18

単位：10億ドル　S=商業銀行勘定資産+S&L勘定資産+CU勘定資産
M=商業銀行勘定(預金+借入金)+S&L勘定(預金+借入金)+CU預金
最低賃金総額=(最低賃金*8*22*12)*労働力人口
Sf=雇用者報酬−最低賃金総額

§3　GB　算出結果

	ω_GB	V2_GB	χ_GB	Z_GB 前年比	Z_GB	Z_US/Z_GB	平均賃金	A	B
1976							300		
1977	0.548	1.82	0.665	0.589		0.791	328	0.085	−0.073
1978	0.550	1.82	0.664	0.629	0.068	0.793	375	0.125	0.040
1979	0.562	1.78	0.672	0.677	0.076	0.801	423	0.113	−0.021
1980	0.553	1.81	0.660	0.643	−0.049	0.865	508	0.167	−0.011
1981	0.643	1.56	0.750	0.751	0.168	0.718	577	0.120	0.000
1982	0.699	1.43	0.796	0.777	0.035	0.678	560	−0.029	−0.115
1983	0.718	1.39	0.820	0.790	0.017	0.654	599	0.065	0.019
1984	0.740	1.35	0.850	0.818	0.035	0.603	624	0.040	−0.011
1985	0.711	1.41	0.843	0.802	−0.019	0.605	669	0.067	0.006
1986	0.733	1.36	0.861	0.822	0.025	0.584	725	0.077	0.043
1987	0.710	1.41	0.852	0.775	−0.056	0.588	776	0.066	0.024
1988	0.706	1.42	0.852	0.810	0.045	0.540	848	0.085	0.036
1989	0.718	1.39	0.866	0.843	0.041	0.476	919	0.077	−0.001
1990	0.703	1.42	0.849	0.816	−0.031	0.461	1013	0.093	−0.002
1991	0.677	1.48	0.832	0.755	−0.074	0.483	1104	0.082	0.023
1992	0.702	1.42	0.852	0.755	0.000	0.411	1173	0.059	0.022
1993	0.700	1.43	0.863	0.741	−0.018	0.377	1224	0.042	0.026
1994	0.729	1.37	0.837	0.778	0.050	0.329	1254	0.024	0.000
1995	0.733	1.36	0.877	0.784	0.008	0.315	1275	0.016	−0.019
1996	0.732	1.37	0.884	0.779	−0.005	0.345	1305	0.023	−0.001
1997	0.745	1.34	0.943	0.803	0.031	0.359	1378	0.053	0.022
1998	0.746	1.34	0.937	0.796	−0.008	0.345	1468	0.061	0.027
1999	0.735	1.36	0.936	0.778	−0.022	0.344	1534	0.043	0.028

A ＝ 平均賃金前年比
B ＝ 平均賃金前年比 − 小売物価指数前年比
平均賃金：年・10ポンド
　　就業者数 ＝ (1−失業率)/失業率×失業者数
　　平均賃金 ＝ 賃金・俸給/就業者数

図11-3-1 CPI前年比、短期金利とV₂ の比較

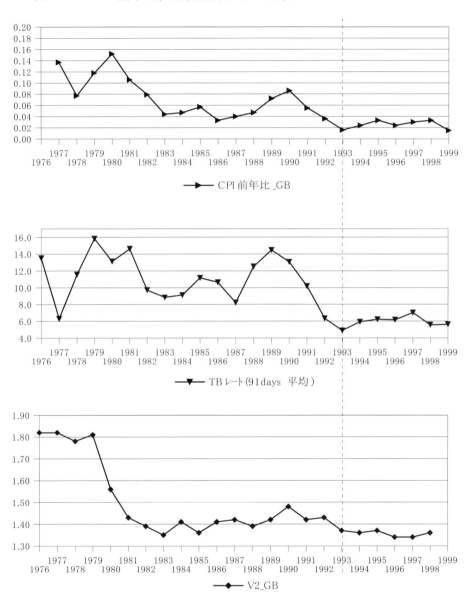

A) 1993年以降を除いて、概ね、相関がみられる。

図11-3-2　賃金とV_2の比較

B) 1993年以前：V_2 は、名目賃金との関連が見られる。
　　同様の結果は、図11-6-3 参照

図11-3-3　CPI前年比と対ドルZ比の比較

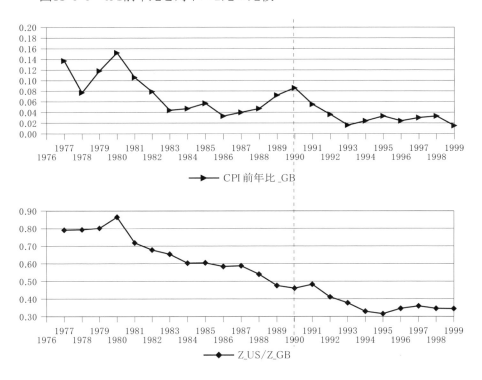

C) 1990年前後を除いて、連動関係がある。概ねUSドルはポンドの代用通貨条件4)を満たしていたといえる。

図11-3-4　絶対価値前年比の安定性

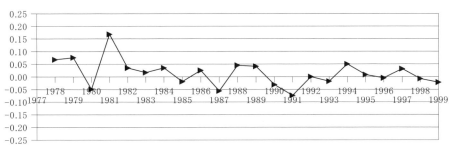

D) 殆ど、±5%以内に分布

図11-3-5　経常収支前年比、ポンド/ドルと対ドルZ比の比較

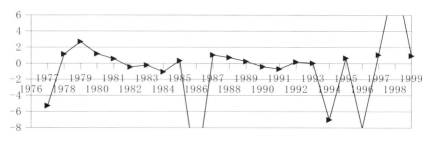

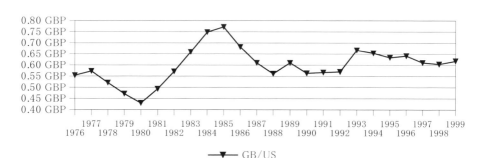

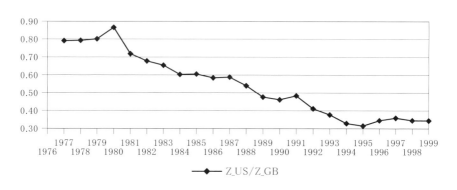

E) 経常収支前年比と為替レート：1985まで逆行する期間が観察される。

　経常収支前年比と対ドルZ比：経常収支前年比の短期的変動を除くと長期的に相関関係にあることが観察できる。

　　物価との関係は、図11-3-3 を参照。

データ）インターネットアドレス＝2015年時点のもの
賃金・俸給　日本を中心とする国際比較統計2000　1989-1999（p. 10）
　　　　　　　　日本を中心とする国際比較統計1992　　1981-1988（p. 35）
　　　　　　　　日本を中心とする国際比較統計 S58　　1977-1980（p. 37）
失業者数、失業率
　　　　　　　　日本を中心とする国際比較統計2000　1989-1999（p. 105）
　　　　　　　　外国経済統計年報1990　　1976-1988（p. 90）
小売物価指数
　　　　　　　　イギリス国家統計局（www.ons.gov.uk/ons/index.html）
　　　　　　　　Consumer Price Inflation Table 50（14 April 2015）
民間銀行主要勘定（資産、総預金）
　　　　　　　　日本を中心とする国際比較統計2000　　1993-1999（p. 54）
　　　　　　　　外国経済統計年報1995　　1981-1992（p. 88）
　　　　　　　　外国経済統計年報1990　　1977-1980（p. 77）
公定歩合　　日本を中心とする国際比較統計2000　　1977-1999（p. 44）
TBレート　　　日本を中心とする国際比較統計2000　1990-1999（p. 47）
　　　　　　　　日本を中心とする国際比較統計1992　1977-1989（p. 72）
　　　　　　　　外国経済統計年報1990　　1976（p. 79）
対ドル為替相場（年平均）
　　　　　　　　日本を中心とする国際比較統計2000　　1995-1999（p. 139）
　　　　　　　　日本を中心とする国際比較統計1995　　1990-1994（p. 178）
　　　　　　　　外国経済統計年報1990　　　　　　　　1976-1989（p. 21）
経常収支　日本を中心とする国際比較統計2000　　1991-1999（p. 114）
　　　　　　　　外国経済統計年報1990　　　　　　　　1976-1990（p. 96）

	賃金・俸給 (億ポンド)	失業者数 (千人)	失業率 (%)	CPI_GB A	B
1976	660	1304	5.6	157.1	
1977	731	1344	5.7	182.0	0.137
1978	836	1320	5.6	197.1	0.077
1979	981	1295	5.3	223.5	0.118
1980	1160	1664	6.8	263.7	0.152
1981	1253	2520	10.4	295.0	0.106
1982	1335	2916	10.9	320.4	0.079
1983	1426	2790	10.5	335.1	0.044
1984	1522	2920	10.7	351.8	0.047
1985	1656	3027	10.9	373.2	0.057
1986	1800	3097	11.1	385.9	0.033
1987	1960	2806	10.0	402.0	0.040
1988	2189	2274	8.1	421.7	0.047
1989	2502	1768	6.1	454.5	0.072
1990	2764	1648	5.7	497.5	0.086
1991	2919	2268	7.9	526.7	0.055
1992	3030	2742	9.6	546.4	0.036
1993	3102	2877	10.2	555.1	0.016
1994	3217	2599	9.2	568.5	0.024
1995	3358	2290	8.0	588.2	0.033
1996	3514	2088	7.2	602.4	0.024
1997	3755	1585	5.5	621.3	0.030
1998	4014	1348	4.7	642.6	0.033
1999	4263	1248	4.3	652.5	0.015

A = 1974/01=100

B = 前年比

	市中銀行勘定		公定	TBレート	ポンド/ドル	経常収支		
	資産	預金	歩合			A	B	C
1976			14.2500	13.51	0.5536		−941	
1977	1916	1781	7.0000	6.29	0.5729		−150	−5.272
1978	2189	2039	12.5000	11.56	0.5209		936	1.160
1979	2638	2464	17.0000	15.84	0.4713		−550	2.702
1980	3032	2837	14.0000	13.13	0.4298		2820	1.195
1981	4241	3982	14.3750	14.62	0.4931		6628	0.575
1982	5400	5109	10.0000	9.72	0.5712		4587	−0.444
1983	6315	5960	9.0625	8.84	0.6591		3758	−0.220
1984	7596	7142	9.5000	9.12	0.7483		1832	−1.050
1985	7617	7073	11.3750	11.17	0.7714		2750	0.334
1986	9071	8447	10.8750	10.65	0.6816		187	−13.705
1987	9184	8480	8.3750	8.21	0.6101		−4159	1.045
1988	10174	9371	12.8750	12.51	0.5613		−15520	0.732
1989	12336	11362	14.8750	14.48	0.6098		−20404	0.239
1990	12664	11661	13.8750	13.06	0.5632		−14380	−0.418
1991	12237	11203	10.3750	10.19	0.5670	−14972	−8490	−0.693
1992	13975	12844	7.0000	6.33	0.5698	−18196	−10369	0.181
1993	14589	13316	5.5000	4.89	0.6668	−16010	−10676	0.029
1994	15154	14260	6.2500	5.92	0.6534	−2038	−1332	−7.014
1995	17672	16318	6.5000	6.22	0.6452	−5973	−3854	0.654
1996	18770	17249	6.0000	6.16	0.5889	−719	−424	−8.089
1997	24491	21998	7.2500	7.01	0.6047	10828	6547	1.065
1998	25871	23318	6.2500	5.56	0.6011	−1100	−662	10.890
1999	26435	23697	5.5000	5.62	0.6187	−20639	−12770	0.948

資産、預金：10億ポンド
TBレート ： 91days 平均
ポンド/ドル：平均
A=100万ドル、B=100万ポンド
B(1991-1999)=(ポンド/ドル)×A
C：前年比

§4　GE 算出結果

	ω_GE	V_2_GE	χ_GE	Z_GE 前年比	Z_GE	Z_US/Z_GE	平均賃金	A	B
1976	0.427	2.34	0.899	0.442		1.090	235		
1977	0.439	2.28	0.913	0.453	0.025	1.029	254	0.075	0.036
1978	0.457	2.19	0.931	0.471	0.040	1.059	267	0.049	0.025
1979	0.455	2.20	0.947	0.484	0.028	1.120	286	0.066	0.031
1980	0.447	2.24	0.957	0.483	−0.001	1.151	305	0.062	0.008
1981	0.427	2.34	0.982	0.462	−0.042	1.167	340	0.103	0.040
1982	0.431	2.32	1.006	0.454	−0.016	1.161	338	−0.005	−0.058
1983	0.435	2.30	1.036	0.453	−0.001	1.141	344	0.017	−0.016
1984	0.446	2.24	1.048	0.467	0.031	1.056	354	0.028	0.004
1985	0.459	2.18	1.056	0.478	0.024	1.015	371	0.046	0.024
1986	0.466	2.15	1.056	0.483	0.010	0.994	389	0.046	0.046
1987	0.476	2.10	1.052	0.488	0.010	0.934	400	0.028	0.026
1988	0.496	2.02	1.038	0.514	0.053	0.850	403	0.007	−0.006
1989	0.500	2.00	1.049	0.532	0.035	0.754	372	−0.082	−0.109
1990	0.530	1.89	1.085	0.564	0.060	0.667	388	0.041	0.014
1991	0.491	2.04	1.035	0.534	−0.052	0.684	482	0.195	0.160
1992	0.460	2.17	1.069	0.501	−0.061	0.619	414	−0.163	−0.203
1993	0.447	2.24	1.145	0.474	−0.053	0.589	428	0.033	−0.002
1994	0.453	2.21	1.162	0.474	0.000	0.540	437	0.021	−0.006
1995	0.457	2.19	1.190	0.471	−0.005	0.524	451	0.031	0.014
1996	0.472	2.12	1.220	0.484	0.028	0.556	464	0.028	0.014
1997	0.485	2.06	1.254	0.497	0.027	0.579	464	0.000	−0.019
1998	0.498	2.01	1.279	0.511	0.028	0.538	469	0.011	0.001

A ＝　平均賃金前年比_GE

B ＝　平均賃金前年比_GE−生計費指数前年比_GE

平均賃金：年・100マルク

　　就業者数 ＝ (1−失業率)/失業率×失業者数

　　平均賃金 ＝ 賃金・俸給/就業者数

図11-4-1　CPI前年比、短期金利とV$_2$の比較

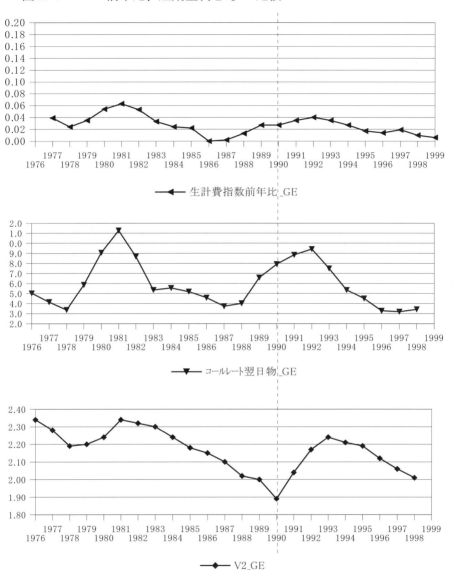

A) 1990年前後を除いて、相関が見られる。

図11-4-2　賃金とV_2の比較

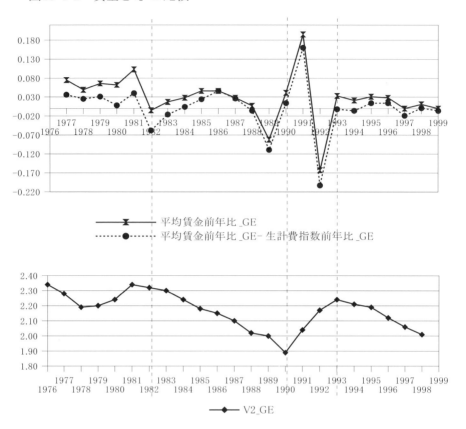

B) 1982年前後、1990-1993年を除くと、名目賃金前年比、及び実質賃金前年比とV_2に相関がある。

図11-4-3　CPI前年比と対ドルZ比の比較

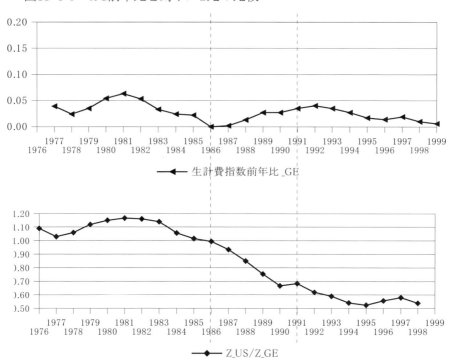

C) 1986年以前、1991-97年：連動関係がある。
1986-91年：逆行関係がある。
マルクにはUSドルに対して独自の変動要因がある。
故に、単純労働の実物比と為替レートが連動していない可能性がある。

図11-4-4　絶対価値前年比の安定性

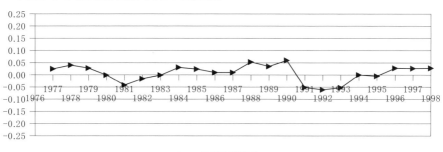

D) 殆ど、±5%以内に分布

図11-4-5 経常収支、マルク/ドルと対ドルZ比の比較

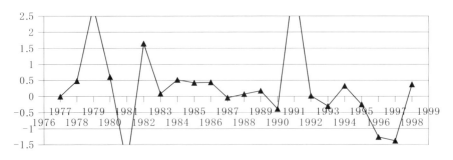

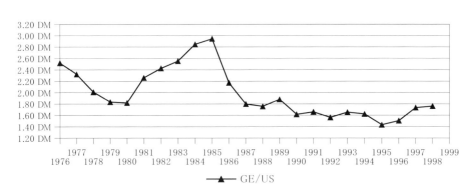

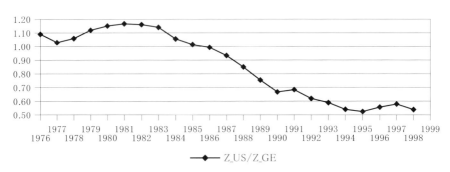

E) 経常収支前年比と対ドル為替レート：1980年まで逆行期間があるが、1980年以後相関がある。
　経常収支前年比と対ドルZ比：経常収支前年比の短期的変動を除くと長期的に相関関係が観察される。
　　物価との関係は、図11-4-3 を参照。

データ）賃金・俸給
　　　　日本を中心とする国際比較統計2000　　1989-1999（p. 11）
　　　　日本を中心とする国際比較統計1992　　1981-1988（p. 36）
　　　　日本を中心とする国際比較統計 S58　　1977-1980（p. 38）
　　　失業者数、失業率、
　　　　日本を中心とする国際比較統計2000　　1996-1999（p. 105）
　　　　　外国経済統計年報1990　　1976-1988（p. 126）
　　　生計費指数
　　　　日本を中心とする国際比較統計2000　　1996-1999（p. 99）
　　　　外国経済統計年報1995　　1981-1995（p. 130）
　　　　外国経済統計年報1990　　1976-1980（p. 117）
　　　金融機関主要勘定（資産、預金、借入金）
　　　　日本を中心とする国際比較統計2000　1993-1998（p. 54-55）
　　　　外国経済統計年報1995　　1981-1992（p. 123）
　　　　外国経済統計年報1990　　1976-1980（p. 110）
　　　公定歩合
　　　　日本を中心とする国際比較統計2000　　1977-1999（p. 44）
　　　コールレート翌日物
　　　　日本を中心とする国際比較統計1999　　1988-1998（p. 62）
　　　　日本を中心とする国際比較統計1992　　1977-1987（p. 72）
　　　　外国経済統計年報1990　　1976-1976（p. 113）
　　　対ドル為替相場（年平均）
　　　　日本を中心とする国際比較統計2000　　1995-1999（p. 139）
　　　　日本を中心とする国際比較統計1995　　1990-1994（p. 178）
　　　　外国経済統計年報1990　　　　　　　1976-1989（p. 21）
　　　経常収支
　　　　日本を中心とする国際比較統計2000　　1991-1999（p. 114）
　　　　外国経済統計年報1990　　　　　　　1976-1990（p. 133）

	賃金・俸給	失業者数	失業率	生計費指数		1976=100	前年比	金融機関勘定資産
1976	5180	1060	4.6	140.8	A	100.0		15961
1977	5557	1030	4.5	103.7		103.9	0.039	17758
1978	5917	993	4.3	106.5	B	106.4	0.024	19881
1979	6362	876	3.8	110.9		110.1	0.035	21760
1980	6878	889	3.8	117.0		116.1	0.054	23512
1981	7439	1272	5.5	106.3		123.4	0.063	25384
1982	7644	1833	7.5	111.9		129.9	0.053	27096
1983	7774	2258	9.1	115.6	C	134.2	0.033	28812
1984	8029	2266	9.1	118.4		137.4	0.024	30874
1985	8338	2304	9.3	121.0		140.4	0.022	33284
1986	8766	2228	9.0	99.9		140.2	0.000	35511
1987	9128	2229	8.9	100.1		140.5	0.002	37487
1988	9489	2242	8.7	101.4	D	142.3	0.013	39841
1989	9928	2038	7.1	104.2		146.2	0.027	42773
1990	10697	1883	6.4	107.0		150.2	0.027	52438
1991	13481	1689	5.7	110.7		155.4	0.035	55734
1992	14612	2979	7.8	104.0		161.6	0.040	59508
1993	14999	3419	8.9	107.7	E	167.3	0.035	65922
1994	15223	3698	9.6	110.6		171.8	0.027	69528
1995	15711	3612	9.4	112.5		174.8	0.017	75389
1996	15870	3965	10.4	1.4		177.2	0.014	82924
1997	15813	4384	11.4	1.9	F	180.6	0.019	91099
1998	16073	4279	11.1	1.0		182.4	0.010	100877
1999	16410	4099	10.5	0.6		183.5	0.006	

賃金・俸給：億マルク
失業者数：千人
A：1970=100
B：1976=100
C：1980=100
D：1985=100
E：1991=100
F：前年比
金融機関資産：億マルク

	金融機関勘定			公定	コールレート	マルク/ドル	経常収支		
	預金	借入金	M	歩合	翌日物		A	B	C
1976	8845	3143	11988	3.5	5.03	2.5180		9324	
1977	9625	3734	13359	3.0	4.14	2.3222		9314	0.000
1978	10560	4444	15004	3.0	3.36	2.0086		17883	0.479
1979	11245	5016	16261	6.0	5.87	1.8329		-9925	2.802
1980	11899	5490	17389	7.5	9.06	1.8177		-25125	0.605
1981	12450	5825	18275	7.5	11.26	2.2600		-8026	-2.129
1982	13199	6132	19331	5.0	8.67	2.4266		12408	1.647
1983	13947	6358	20305	4.0	5.36	2.5533		13540	0.084
1984	15123	6668	21791	4.5	5.55	2.8459		27940	0.515
1985	16463	7162	23625	4.0	5.19	2.9440		48327	0.422
1986	17651	7679	25330	3.5	4.57	2.1715		85793	0.437
1987	18473	8495	26968	2.5	3.72	1.7974		82462	-0.039
1988	20283	8949	29232	3.5	4.01	1.7562		88749	0.071
1989	21825	9481	31306	6.0	6.59	1.8800		107619	0.175
1990	26187	12298	38485	6.0	7.92	1.6157		77431	-0.389
1991	28283	12543	40826	8.0	8.84	1.6595	-17668	-29321	3.641
1992	28648	13341	41989	8.3	9.42	1.5617	-19145	-29899	0.019
1993	43800	692	44492	5.8	7.49	1.6533	-13871	-22933	-0.303
1994	45991	752	46743	4.5	5.35	1.6228	-20939	-33980	0.325
1995	49388	756	50144	3.0	4.50	1.4331	-18932	-27132	-0.251
1996	54226	754	54980	2.5	3.27	1.5048	-7969	-11992	-1.262
1997	59281	756	60037	2.5	3.18	1.7341	-2905	-5038	-1.379
1998	65699	595	66294	2.5	3.41	1.7597	-4557	-8019	0.372

金融機関資産、預金、借入金、M：億マルク

M ＝ 預金+借入金

A：100万ドル、B：100万マルク

B(1991-1998年)=(マルク/ドル)×A

C：経常収支前年比

§5　FR 算出結果

	ω_FR	V_2_FR	χ_FR	Z_FR	Z_FR 前年比	Z_US/Z_FR	製造業賃金_FR A	B
1976	0.320	3.12	0.653	0.358		1.506		
1977	0.348	2.87	0.683	0.385	0.087	1.339	0.118	0.033
1978	0.283	3.53	0.899	0.302	−0.186	1.763	0.113	0.030
1979	0.291	3.43	0.943	0.331	0.028	1.863	0.114	0.016
1980	0.347	2.88	0.972	0.389	0.192	1.602	0.130	0.011
1981	0.377	2.65	0.982	0.443	0.086	1.430	0.125	0.007
1982	0.378	2.64	1.023	0.433	0.003	1.394	0.136	0.030
1983	0.423	2.36	1.041	0.481	0.119	1.222	0.102	0.014
1984	0.439	2.27	1.083	0.492	0.038	1.123	0.075	0.006
1985	0.393	2.54	1.153	0.431	−0.104	1.234	0.086	0.031
1986	0.406	2.46	1.111	0.438	0.033	1.182	0.052	0.026
1987	0.403	2.48	1.139	0.437	−0.006	1.132	0.031	0.001
1988	0.430	2.32	1.154	0.466	0.067	1.016	0.028	0.002
1989	0.436	2.29	1.160	0.484	0.014	0.920	0.037	0.002
1990	0.451	2.21	1.144	0.497	0.034	0.834	0.043	0.010
1991	0.302	3.31	1.432	0.334	−0.329	1.209	0.046	0.014
1992	0.291	3.43	1.502	0.320	−0.035	1.065	0.036	0.013
1993	0.244	4.09	1.727	0.260	−0.161	1.143	0.024	0.004
1994	0.367	2.72	1.339	0.386	0.504	0.698	0.021	0.005
1995	0.357	2.80	1.366	0.374	−0.026	0.692	0.024	0.006
1996	0.336	2.97	1.489	0.347	−0.058	0.801	0.026	0.006
1997	0.333	3.00	1.571	0.344	−0.008	0.865	0.026	0.014
1998	0.320	3.12	1.580	0.330	−0.038	0.859	0.020	0.013

A=製造業賃金前年比_FR
B=製造業賃金前年比_CPI前年比_FR

図11-5-1　CPI前年比、短期金利とV_2の比較

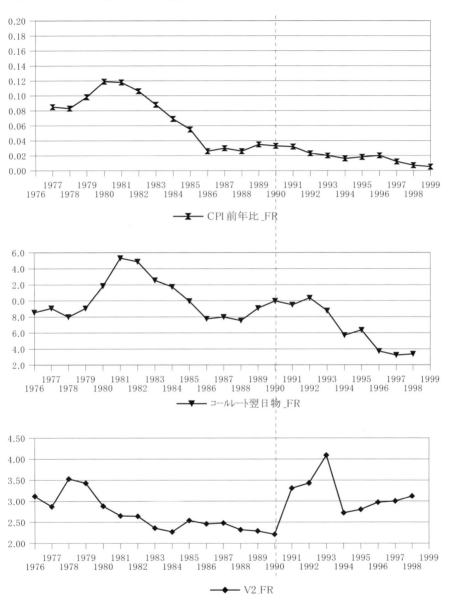

A) 物価と短期金利：相関が観察できる。
　V_2 とは、1990年以前は、V_2 が先行する形で関連がみられる。
　V_2 の変化は賃金の変動と関連が深い。

図11-5-2　賃金とV_2 の比較

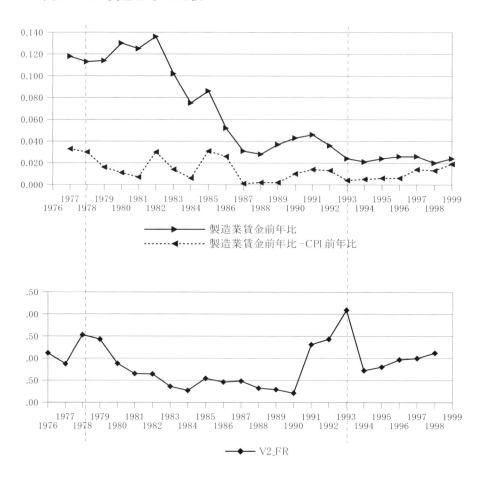

B) 1978、1993年前後を除いて、実質賃金前年比とV_2の間には、時間差含みで相関がみられる。

図11-5-3 CPI前年比と対ドルZ比の比較

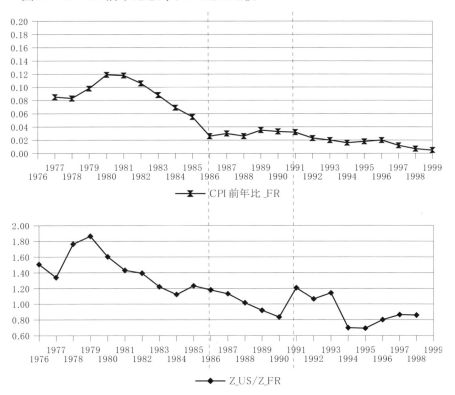

C) 1986年以前：変動に関連性がある。
　1986年以後：変動に逆行性がある。
　フランにはUSドルに対して独自の変動要因がある。
　単純労働の実物比と為替レートの関係については、第12章参照。
　ある。

図11-5-4 絶対価値前年比の安定性

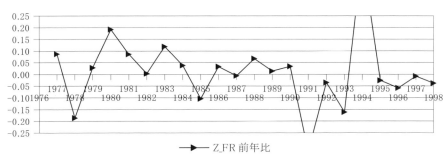

D) 殆ど、±10%以内に分布

図11-5-5 経常収支、フラン/ドルと対ドルZ比の比較

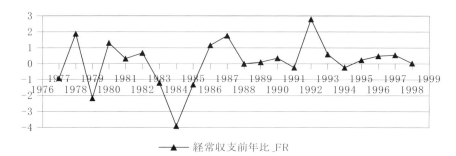

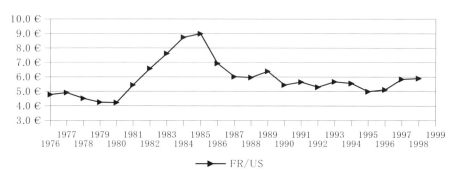

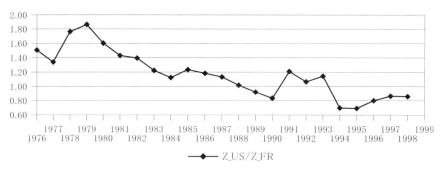

E) 経常収支前年比と対ドル為替レート：1985年以前は逆行関係がある。以降、短期的変動を除いて相関がある。
経常収支前年比と対ドルZ比：経常収支前年比の短期的変動を除いて全体的に相関関係が観察される。

データ)インターネットアドレス=2015年時点のもの

1ユーロ=6.55957フラン

雇用者報酬
　　日本を中心とする国際比較統計2000　　1992-1998(p. 11)
　　日本を中心とする国際比較統計1993　　1982-1991(p. 36)
　　日本を中心とする国際比較統計1992　　1981-1981(p. 36)
　　日本を中心とする国際比較統計 S58　　1976-1980(p. 38)
労働力人口、最低賃金
　　フランス国立統計経済研究所(www. insee. fr/)
　　データベース　　www. insee. fr/en/bases-de-donnees/
　　　労働力人口(001665064)、最低賃金6月(000077503)
製造業賃金(時・フラン)
　　外国経済統計年報1995　　　　　　　1981-1995(p. 161)
　　外国経済統計年報1990　　　　　　　1976-1980(p. 147)
製造業賃金指数
　　日本を中心とする国際比較統計2000　　1995-1999(p. 139)
消費者物価指数
　　フランス国立統計経済研究所(www. insee. fr/)
　　データベース　　www. bdm. insee. fr/bdm2/
　　　消費者物価指数(000008965、000639197)
民間銀行主要勘定(資産、預金、借入金)
　　日本を中心とする国際比較統計2000　　1993-1998(p. 54)
　　外国経済統計年報1995　　1982-1992(p. 152)
　　外国経済統計年報1990　　1976-1981(p. 139)
公定歩合
　　日本を中心とする国際比較統計2000　　1977-1998(p. 44)
コールレート翌日物
　　日本を中心とする国際比較統計1999　　1988-1998(p. 62)
　　外国経済統計年報1990　　1976-1987(p. 141)
対ドル為替相場(年平均)
　　日本を中心とする国際比較統計2000　　1995-1999(p. 139)
　　日本を中心とする国際比較統計1995　　1990-1994(p. 178)
　　外国経済統計年報1990　　　　　　　1976-1989(p. 21)
経常収支
　　日本を中心とする国際比較統計2000　　1991-1999(p. 114)
　　外国経済統計年報1990　　　　　　　1976-1990(p. 153)

	雇用者 報酬	労働力 人口	最低 賃金	製造業賃金 賃金	製造業賃金 指数	CPI A	B	C
1976	9079	22360	8.08	10.94		66.7		
1977	10346	22685	9.34	12.40		72.9		0.085
1978	11704	22776	10.45	13.98		79.5		0.083
1979	13247	23204	11.60	15.78		88.1		0.098
1980	15222	23480	13.66	18.14		100.0		0.119
1981	17912	23630	16.72	20.72		113.4		0.118
1982	20530	23823	19.03	23.97		126.8		0.106
1983	22556	23890	21.65	26.70		139.0		0.088
1984	24192	23988	23.56	28.86		149.3		0.069
1985	25731	24161	26.04	31.56		158.0		0.055
1986	27006	24401	26.59	33.28		162.2		0.026
1987	28167	24430	27.57	34.35		167.3		0.030
1988	29725	24442	28.48	35.35		171.8		0.026
1989	31664	24618	29.36	36.70		178.0		0.035
1990	33745	24662	30.51	38.36		184.0	86.2	0.033
1991	35423	24615	31.94	40.20		189.9	89.0	0.032
1992	37772	24805	33.31	41.70		194.4	91.1	0.023
1993	38357	24934	34.06	42.72		198.5	93.0	0.020
1994	39053	25031	34.83	43.65	97.6	201.7	94.5	0.016
1995	40379	25175	35.56	44.72	100.0	205.7	96.2	0.018
1996	41464	25444	37.72	45.93	102.7	209.4	98.1	0.020
1997	42524	25414	37.91	47.18	105.5	212.0	99.3	0.012
1998	44116	25567	39.43	48.16	107.7	213.5	100.0	0.007
1999		25783	40.22	49.32	110.3	214.5	100.5	0.005

雇用者報酬：億フラン

労働力人口：千人

最低賃金、製造業賃金：時・フラン

製造業賃金指数：1995=100

製造業賃金(n=1995-99)=1994賃金×(n指数/1994指数)

A：1980=100

B：1998=100

C：前年比

CPI(n=1990-99)=n指数B×(1990指数A/1990指数B)

| | 最低賃金 | Sf | 民間銀行勘定 | | | |
	総額		資産	預金	借入金	M
1976	3815	5264	10993	4527	4252	8779
1977	4474	5872	12970	5248	5142	10390
1978	5026	6678	17017	6190	5310	11500
1979	5684	7563	20245	7151	6296	13447
1980	6773	8449	25158	8122	9064	17186
1981	8344	9568	30105	9350	11558	20908
1982	9574	10956	36110	10403	14185	24588
1983	10923	11633	42395	11841	17710	29551
1984	11936	12256	48736	13150	20520	33670
1985	13287	12444	49022	13478	18235	31713
1986	13703	13303	51120	14138	19915	34053
1987	14225	13942	55165	15657	20544	36201
1988	14701	15024	64134	18370	24200	42570
1989	15265	16399	71621	21355	26237	47592
1990	15891	17854	79062	25808	27699	53507
1991	16604	18819	80644	17674	25500	43174
1992	17450	20322	90314	18425	28188	46613
1993	17936	20421	96112	11814	32024	43838
1994	18413	20640	95075	19772	35805	55577
1995	18907	21472	99216	21192	35727	56919
1996	20269	21195	105539	22312	34343	56655
1997	20347	22177	119588	24609	37399	62008
1998	21291	22825	119114	25573	35352	60925

最低賃金総額 ＝（最低賃金*8*22*12)*労働力人口
Sf ＝ 雇用者報酬 － 最低賃金総額
最低賃金総額、Sf、民間銀行勘定：億フラン
M ＝ 預金+借入金

	公定歩合	コールレート 翌日物	フラン/ドル	経常収支 A	B	C
1976	10.500	8.54	4.7790		−2844	
1977	9.500	9.06	4.9136		−1476	−0.926
1978	6.375	7.98	4.5131		1685	1.876
1979	12.125	9.04	4.2544		531	−2.172
1980	10.750	11.85	4.2256		−1762	1.301
1981	14.875	15.30	5.4346		−2577	0.316
1982	12.750	14.87	6.5721		−7927	0.675
1983	12.000	12.55	7.6213		−3575	−1.216
1984	10.750	11.74	8.7391		−728	−3.910
1985	8.750	9.94	8.9852		−314	−1.317
1986	7.250	7.74	6.9261		2019	1.156
1987	7.750	7.97	6.0107		−2667	1.757
1988	7.750	7.53	5.9569		−2664	0.000
1989	10.000	9.07	6.3801		−2960	0.100
1990	9.250	9.96	5.4453		−4562	0.351
1991	9.600	9.49	5.6421	−6518	−3678	−0.239
1992	9.100	10.35	5.2938	3893	2060	2.785
1993	6.200	8.75	5.6632	8990	5091	0.595
1994	5.000	5.70	5.5520	7415	4116	−0.236
1995	4.450	6.35	4.9915	10840	5410	0.239
1996	3.150	3.73	5.1155	20561	10517	0.486
1997	3.300	3.24	5.8367	39475	23040	0.544
1998	3.000	3.37	5.8995	40161	23692	0.028

A=100万ドル

B=1000万フラン

B(1991−1998)=(フラン/ドル)×A

C：経常収支前年比

§6　JP　算出結果

	ω_JP	V_2_JP	χ_JP	Z_JP	Z_JP 前年比	Z_US/Z_JP	賃金 A	B	C
1976	0.280	3.57	1.135	0.299		1.612	161		
1977	0.282	3.55	1.105	0.295	−0.012	1.580	176	0.0852	0.0035
1978	0.307	3.26	1.079	0.318	0.078	1.569	188	0.0638	0.0200
1979	0.298	3.36	1.093	0.318	0.000	1.704	199	0.0552	0.0190
1980	0.295	3.39	1.105	0.318	0.000	1.748	213	0.0657	−0.0111
1981	0.299	3.34	1.074	0.316	−0.005	1.706	227	0.0616	0.0123
1982	0.299	3.34	1.116	0.315	−0.002	1.673	238	0.0462	0.0178
1983	0.366	2.73	1.149	0.385	0.222	1.343	246	0.0325	0.0145
1984	0.360	2.78	1.191	0.379	−0.015	1.301	259	0.0501	0.0277
1985	0.358	2.79	1.259	0.377	−0.004	1.286	267	0.0299	0.0091
1986	0.357	2.80	1.329	0.368	−0.023	1.304	277	0.0361	0.0293
1987	0.396	2.53	1.325	0.406	0.103	1.123	282	0.0177	0.0177
1988	0.416	2.40	1.313	0.427	0.052	1.023	293	0.0375	0.0308
1989	0.430	2.33	1.335	0.449	0.052	0.893	308	0.0487	0.0253
1990	0.429	2.33	1.314	0.456	0.016	0.825	327	0.0581	0.0276
1991	0.398	2.51	1.326	0.417	−0.085	0.875	346	0.0549	0.0221
1992	0.367	2.72	1.372	0.379	−0.090	0.818	358	0.0335	0.0171
1993	0.369	2.71	1.352	0.376	−0.007	0.742	365	0.0191	0.0060
1994	0.384	2.60	1.340	0.391	0.040	0.655	366	0.0027	−0.0043
1995	0.399	2.51	1.310	0.401	0.026	0.616	371	0.0134	0.0144
1996	0.398	2.51	1.324	0.400	−0.001	0.673	378	0.0185	0.0175
1997	0.398	2.51	1.332	0.400	0.000	0.720	382	0.0104	−0.0084
1998	0.404	2.48	1.336	0.406	0.015	0.677	381	−0.0026	−0.0084
1999	0.413	2.42	1.336	0.415	0.022	0.646	380	−0.0026	0.0003
2000	0.401	2.49	1.368	0.403	−0.028	0.615	384	0.0104	0.0172
2001	0.403	2.48	1.388	0.403	0.000	0.640	382	−0.0052	0.0026
2002	0.414	2.42	1.383	0.414	0.027	0.691	375	−0.0186	−0.0098
2003	0.430	2.33	1.397	0.430	0.039	0.705	360	−0.0416	−0.0386
2004	0.429	2.33	1.424	0.429	−0.001	0.737	355	−0.0140	−0.0140
2005	0.420	2.38	1.468	0.420	−0.020	0.831	357	0.0056	0.0086
2006	0.396	2.53	1.587	0.398	−0.051	0.894	356	−0.0028	−0.0058
2007	0.398	2.51	1.631	0.401	0.008	0.973	351	−0.0142	−0.0142
2008	0.409	2.44	1.624	0.411	0.025	0.954	355	0.0112	−0.0027
2009	0.432	2.31	1.616	0.434	0.056	0.998	345	−0.0289	−0.0152
2010	0.442	2.26	1.604	0.444	0.023	0.968	347	0.0057	0.0127

A=賃金・俸給/就業者数(万円)、

B=前年比、C=前年比-消費者物価指数前年比

図11-6-1　CPI前年比、短期金利とV₂ の比較(1976-1996)

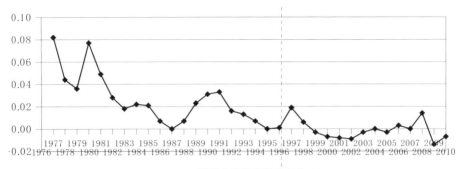

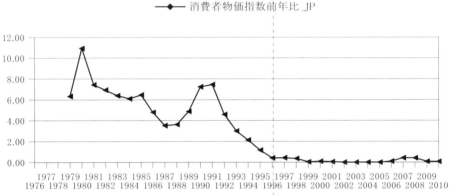

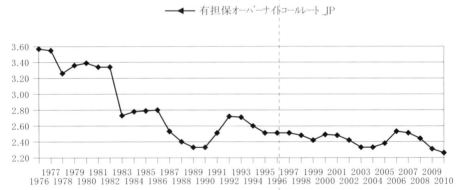

A1) 概ね相関がある。1996年以降は、図11-6-2参照

図11-6-2　CPI前年比、短期金利とV$_2$ の比較（1996-2010）

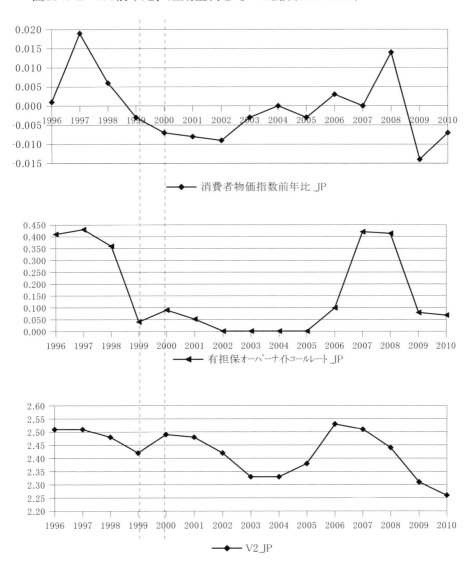

A2)　金利とV$_2$ は相関がある。
　　　物価変動とは、1999-2000年を除くと相関がある。

図11-6-3　賃金とV₂の比較

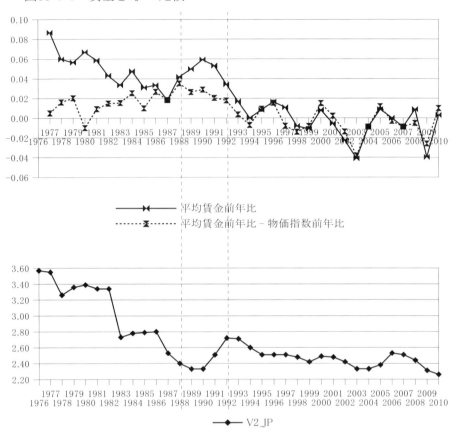

B) 1988-1992年以外、名目賃金変動とV₂に相関がみられる。

図11-6-4　CPI前年比と対ドルZ比の比較

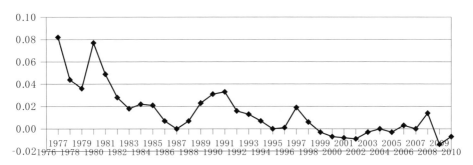

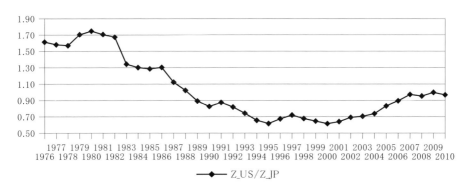

C) 概ね、連動関係にあることが観察される。
これにより、USドルは円通貨の代用通貨条件4)を満たしている。
(第12章参照)

図11-6-5　絶対価値前年比の安定性

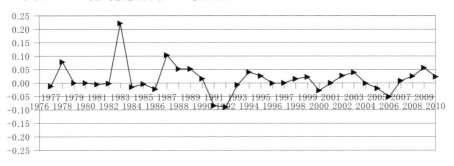

D) 殆ど、±5%以内に分布

165

図11-6-6　経常収支、円/ドルと対ドルZ比の比較

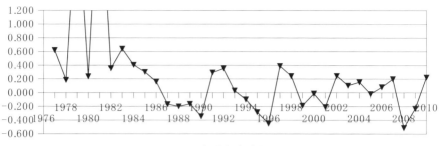

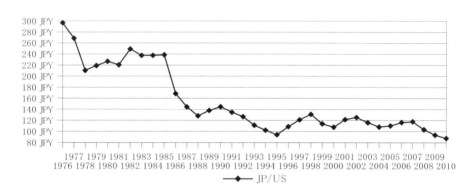

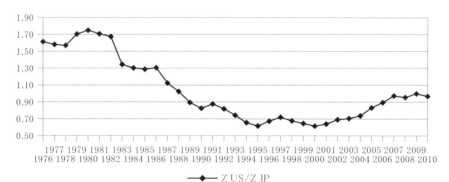

E) 経常収支前年比と対ドル為替レート：経常収支前年比の短期的
　　　変動を除いて全体的に相関関係にある。
　　経常収支前年比と対ドルZ比：同上。
　　　　　　　　物価との関係は、図11-6-4 を参照。

データ)
　雇用者報酬、賃金・俸給：　第7章と同じ
　東京都最低賃金、労働力人口：　第5章と同じ
　就業者数：　日本統計年鑑　2013　1976-2010(p. 494)
　消費者物価指数：　第8章と同じ
　S：　第7章と同じ
　M：　第8章と同じ
　公定歩合：　日本銀行統計　2012　1976-2010　(p. 2)
　有担保オーバーナイトコールレート(平均)：
　　　　日本銀行統計　2012　1982-2010　　(p. 52)
　　　　経済統計年報　1991　1979-1981　　(p. 177)
　対ドル各国為替相場(年平均)：
　　　　日本銀行統計　2012　2000-2010　　(p. 66)
　　　　日本を中心とする国際比較統計2000　　1995-1999(p. 139)
　　　　日本を中心とする国際比較統計1995　　1990-1994(p. 178)
　　　　外国経済統計年報1990　　　　　　　　1976-1989(p. 21)
　経常収支
　　　　日本銀行統計　2012　1985-2010　　(p. 325)
　　　　経済統計年報　1993　1976-1984　　(p. 328)

	就業者数（万）	公定歩合	有担保オーバーナイトコールレート	円/ドル	最低賃金総額	Sf	経常収支	前年比
1976	5271	6.50		296.55	35210	56911	10777	
1977	5342	4.25		268.51	39725	63172	28431	0.621
1978	5408	3.50		210.44	42645	68519	34845	0.184
1979	5479	6.25	6.33460	219.14	45147	74973	-19695	2.769
1980	5536	7.25	10.92980	226.74	48327	82041	-25772	0.236
1981	5581	5.50	7.43410	220.54	50864	90533	11470	3.247
1982	5638	5.00	6.93525	249.08	53900	95614	17746	0.354
1983	5733	5.00	6.39226	237.51	56217	101082	49603	0.642
1984	5766	5.00	6.09998	237.52	57957	108069	83503	0.406
1985	5807	5.00	6.46329	238.54	60072	113743	119698	0.302
1986	5853	3.00	4.79300	168.52	62045	119961	142437	0.160
1987	5911	2.50	3.51343	144.64	63861	125264	121862	-0.168
1988	6011	2.50	3.62191	128.15	66154	134038	101461	-0.200
1989	6128	4.25	4.87216	137.96	69521	145436	87113	-0.164
1990	6249	6.00	7.24179	144.79	73886	159622	64736	-0.345
1991	6369	4.50	7.45696	134.71	78996	172785	91757	0.294
1992	6436	3.25	4.58265	126.65	83495	177551	142349	0.355
1993	6450	1.75	2.99064	111.2	86619	180533	146690	0.030
1994	6453	1.75	2.12868	102.21	88977	175379	133425	-0.098
1995	6457	0.50	1.16000	94.06	91510	177467	103862	-0.284
1996	6486	0.50	0.41000	108.78	94112	179276	71532	-0.451
1997	6557	0.50	0.43000	120.99	97328	183177	117339	0.390
1998	6514	0.50	0.36000	130.91	99279	178430	155278	0.244
1999	6462	0.50	0.04000	113.91	99934	173187	130522	-0.189
2000	6446	0.50	0.09000	107.77	100457	174591	128755	-0.013
2001	6412	0.10	0.05200	121.53	100962	172406	106523	-0.208
2002	6330	0.10	0.00100	125.31	100020	165338	141397	0.247
2003	6316	0.10	0.00100	115.93	99676	155162	157668	0.103
2004	6329	0.10	0.00100	108.18	99598	152941	186184	0.153
2005	6356	0.10	0.00100	110.16	100279	153704	182591	-0.019
2006	6382	0.40	0.09900	116.31	101088	154584	198488	0.080
2007	6412	0.75	0.42000	117.76	104087	150765	247938	0.199
2008	6385	0.50	0.41300	103.37	107583	148140	163798	-0.513
2009	6282	0.50	0.07900	93.54	110543	132767	132867	-0.232
2010	6257	0.50	0.06800	87.78	114267	129654	171706	0.226

最低賃金総額=（東京都最低賃*8*22*12)＊労働力人口

Sf=雇用者報酬-最低賃金総額　　最低賃金総額、Sf、経常収支：10億

第12章 r_{AB} の安定性と相対量としての為替レートの検証

§1 検証仕様とデータの仕様

[経済モデル]　　C ＝ γ ×Y ＋ A
　　　　　　　　I ＝ ε ×S
　　　　　　　　M ＝ ω ×S ＋ Sf

[データ仕様]
　　対象国：US、FR、JP
　　M、S： 各国とも第11章と同じ。
　　Y=GDP、C=民間消費+政府消費
　　A、C_0 ： 家計消費割合から、基礎消費Aを算出し、これをも
　　　　　　　とに45度線上のC_0 を算出する。
　　Sf($=S_0$) ＝ (C-C_0)/(1-ε) より算出する。

[検証内容]
　　A) 絶対価値金利部の変換レートr_{AB} が安定的であること：
　　　　基礎消費Aを白パン或は白米相当のカロリー量に変換し
　　　　その各国の比の変動を観察する。(参照 命題 p-30の説明)
　　B) 各国政府の最低賃金或はC_0より算出の最低賃金のカロリー
　　　　量の比とγ の比の比較(参照 命題 p-38)
　　C) 為替レートと単純労働実物交換レートの比較：
　　　　対ドル為替レート変動が、各国政府の最低賃金或はC_0より
　　　　算出の最低賃金のカロリー量の比の変動を比較・観察する。
　　　　(参照 命題 p-40、p-41、p-42)

§2 US

	基礎消費／日		A	γ _US	C₀	最低賃金			(j−i)
	ドル	kcal				W1	W2	W3	×S/A
1976	2.02	6656	160	0.743	622	3.06	10083	7579	0.682
1977	2.15	6638	172	0.738	656	3.14	9695	7102	0.697
1978	2.32	6657	188	0.728	691	3.20	9183	7604	0.823
1979	2.58	6661	211	0.723	761	3.43	8856	7487	0.927
1980	2.93	6659	242	0.734	909	4.02	9136	7045	1.080
1981	2.94	6652	246	0.730	911	3.97	8983	7580	1.376
1982	3.03	6653	255	0.756	1045	4.49	9859	7356	1.341
1983	3.09	6661	263	0.766	1123	4.77	10283	7222	1.205
1984	3.07	6657	264	0.757	1086	4.53	9823	7264	1.482
1985	3.23	6707	280	0.771	1222	5.01	10404	6956	1.310
1986	3.28	6833	287	0.781	1310	5.26	10958	6979	1.010
1987	3.26	6732	288	0.787	1352	5.34	11027	6918	1.167
1988	3.86	6930	344	0.777	1542	6.00	10773	6015	1.102
1989	3.95	6769	355	0.776	1584	6.05	10369	5741	1.041
1990	3.96	6672	360	0.787	1690	6.36	10716	6403	1.040
1991	4.24	6972	390	0.788	1839	6.89	11330	6989	0.883
1992	4.44	7095	413	0.787	1938	7.16	11441	6791	0.754
1993	4.54	7047	427	0.787	2004	7.34	11393	6597	0.631
1994	4.59	7237	436	0.781	1990	7.19	11336	6701	0.788
1995	5.17	7285	495	0.775	2200	7.87	11090	5989	0.693
1996	5.38	7251	520	0.771	2270	8.02	10809	6402	0.675
1997	5.50	7337	537	0.764	2275	7.90	10538	6870	0.692
1998	5.51	7504	543	0.767	2330	8.01	10909	7014	0.621
1999	5.68	7451	565	0.773	2488	8.45	11084	6755	0.677
2000	6.23	7443	641	0.776	2861	9.50	11351	6153	0.689
2001	6.53	7661	679	0.789	3218	10.60	12436	6042	0.574
2002	6.69	7689	702	0.799	3492	11.41	13114	5919	0.551
2003	6.32	7813	668	0.809	3497	11.30	13970	6367	0.528
2004	6.18	7515	660	0.811	3492	11.22	13644	6262	0.633
2005	6.97	7858	751	0.805	3851	12.21	13766	5806	0.624
2006	7.87	8161	856	0.800	4280	13.38	13876	5341	0.672
2007	9.03	8319	992	0.798	4910	15.18	13985	5389	0.622
2008	9.81	8177	1088	0.810	5726	17.57	14646	5460	0.490
2009	9.66	8197	1081	0.822	6073	18.65	15825	6152	0.416
2010	9.77	8312	1103	0.820	6127	18.85	16037	6168	0.406

A、C₀：10億ドル　　W1、W2：C₀より算出、W1=ドル、W2=kcal
W3：米国政府最低賃金kcal

	ε	S₀		ε	S₀
1976	0.225	1203	1994	0.240	5465
1977	0.232	1373	1995	0.235	5537
1978	0.246	1607	1996	0.245	5952
1979	0.250	1804	1997	0.255	6495
1980	0.227	1856	1998	0.246	6877
1981	0.255	2255	1999	0.240	7296
1982	0.214	2211	2000	0.226	7448
1983	0.206	2428	2001	0.201	7312
1984	0.228	2897	2002	0.179	7291
1985	0.207	3036	2003	0.173	7845
1986	0.190	3162	2004	0.169	8574
1987	0.187	3407	2005	0.165	8905
1988	0.193	3571	2006	0.159	9115
1989	0.210	3998	2007	0.145	8936
1990	0.209	4264	2008	0.117	8255
1991	0.209	4322	2009	0.108	7693
1992	0.220	4643	2010	0.114	8181
1993	0.227	4958			

S_0 ：10億ドル

図12-1　雇用者報酬とS_0の比較

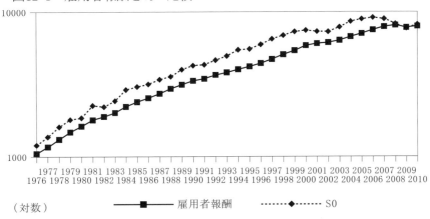

（対数）　　　　　━■━　雇用者報酬　　┄┄◆┄┄　S0

図12-2　最低賃金政府版とC_0版の比較

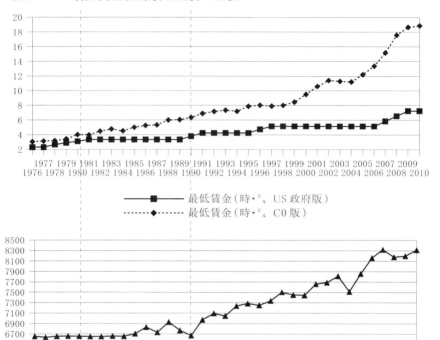

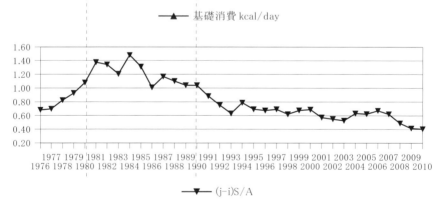

- 1981年以降、最低賃金が長く据え置かれる傾向が見られる。
- 1980-1990年：基礎消費と最低賃金が横這いであるが、この期間 S++になる傾向がある。

データ）インターネットアドレス=2014-15年時点のもの
白パン小売単価 アメリカ合衆国労働統計局(www.bls.gov/)
　　Databases　Consumer Price Index - Average Price Data
　　　　(APU0000702111　lb(453.6g)　1980-2010 Dec)
　　1976-79年：CPIからの算出
GDP、民間総消費、政府総消費
　　アメリカ合衆国経済分析局(www.bea.gov/)
　　　Section1All　Tabel 1.1.5　A191RC1、DPCERC1、A822RC1
人口　アメリカ合衆国 国勢調査局(www.census.gov/)
雇用者報酬、信用総額(S)、労働力人口、最低賃金：
　　　　　　　　　　　　　　　　　　第11章 §2参照
消費者支出構成 アメリカ合衆国労働統計局(www.bls.gov/)
　　　CE Multiyear Tables(1984-2010　February 10, 2014)
　　1976-83年：1984年を流用
10年国債利回り
　　　www.federalreserve.gov/releases/h15/data.htm
　　Historical Data　H15/H15/RIFLGFCY10_N.A

算出例(2010年)
S=13900(10億ドル)（第11章§2)
白パン 1kg=2600kcal
基礎消費1日分の食費=2600kcal=白パン1kg　とする。
A、C_0 の算出：
　白パン1kg=3.056ドル
　消費者支出構成 食費=6129　　住居=9812　　光熱費=3660
　より、1日分基礎消費=3.056*(6129+9812+3660)/6129=9.77ドル
　　　　　　　　　　=9.77/3.056/*2600=8312kcal
　A=（1日分基礎消費*365)*総人口
　 =（9.77*365)*(309349*1000)/1000000000 = 1103(10億ドル)
　γ =（C-A)/Y =（13376-1103)/14964 = 0.820
　C_0 = A/(1-γ) = 1103/(1-0.820) = 6127(10億ドル)
　45度線 最低賃金(時給)=C_0/労働力人口/(12*22*8)
　　　　　　　　　=6127*1000000000/(153889*1000)/(12*22*8)
　　　　　　　　　=18.85ドル
　　　　　　　　　=18.85/3.056*2600=16037kcal
　米国政府 最低賃金=7.25ドル=7.25/3.056*2600=6168kcal
　(j-i)×S/A=3.22/100*13900/1103=0.406
　ε =（Y-C)/S =（14964-13376)/13900=0.114
　S_0(=Sf)=(C-C_0)/(1-ε)=(13376-6127)/(1-0.114)=8181(10億ドル)

	白パン小売価格		GDP	民間	政府	C	人口
	B1	B2	(=Y)	総消費	総消費		（千人）
1976		0.789	1877	1150	405	1555	218035
1977		0.842	2086	1276	435	1711	220239
1978		0.906	2356	1426	477	1903	222584
1979		1.007	2632	1589	525	2114	225055
1980	0.519	1.144	2862	1754	590	2344	227224
1981	0.521	1.149	3211	1937	654	2591	229465
1982	0.537	1.184	3345	2073	710	2783	231664
1983	0.547	1.206	3638	2286	765	3051	233791
1984	0.544	1.199	4040	2498	825	3323	235824
1985	0.568	1.252	4346	2722	908	3630	237923
1986	0.566	1.248	4590	2898	974	3872	240132
1987	0.571	1.259	4870	3092	1030	4122	242288
1988	0.657	1.448	5252	3346	1078	4424	244498
1989	0.688	1.517	5657	3592	1151	4743	246819
1990	0.700	1.543	5979	3825	1238	5063	249464
1991	0.717	1.581	6174	3960	1298	5258	252153
1992	0.738	1.627	6539	4215	1345	5560	255029
1993	0.760	1.675	6878	4471	1366	5837	257782
1994	0.748	1.649	7308	4741	1403	6144	260327
1995	0.837	1.845	7664	4984	1452	6436	262803
1996	0.875	1.929	8100	5268	1496	6764	265228
1997	0.884	1.949	8608	5560	1554	7114	267783
1998	0.866	1.909	9089	5903	1613	7516	270248
1999	0.899	1.982	9660	6307	1726	8033	272690
2000	0.987	2.176	10284	6792	1834	8626	282162
2001	1.005	2.216	10621	7103	1958	9061	284968
2002	1.026	2.262	10977	7384	2094	9478	287625
2003	0.954	2.103	11510	7765	2220	9985	290107
2004	0.970	2.138	12274	8260	2357	10617	292805
2005	1.046	2.306	13093	8794	2493	11287	295516
2006	1.137	2.507	13855	9304	2642	11946	298379
2007	1.280	2.822	14477	9750	2801	12551	301231
2008	1.415	3.119	14718	10013	3003	13016	304093
2009	1.390	3.064	14418	9847	3089	12936	306771
2010	1.386	3.056	14964	10202	3174	13376	309349

B1=1lb.（=453.6g）　B2=1kg（=2600kcal）　C=民間総消費+政府総消費
Y、民間総消費、政府総消費、C：10億ドル

	消費者支出構成			10年国債
	食費	住居	光熱費	利回り
1976				7.61
1977				7.42
1978				8.41
1979				9.43
1980				11.43
1981				13.92
1982				13.01
1983				11.10
1984	3290	3489	1638	12.46
1985	3477	3833	1648	10.62
1986	3448	3979	1645	7.67
1987	3664	4154	1671	8.39
1988	3748	4493	1747	8.85
1989	4152	4835	1835	8.49
1990	4296	4836	1890	8.55
1991	4271	5191	1990	7.86
1992	4273	5411	1984	7.01
1993	4399	5415	2112	5.87
1994	4411	5686	2189	7.09
1995	4505	5928	2191	6.57
1996	4698	6064	2347	6.44
1997	4801	6344	2412	6.35
1998	4810	6680	2405	5.26
1999	5031	7016	2377	5.65
2000	5158	7114	2489	6.03
2001	5321	7602	2767	5.02
2002	5375	7829	2684	4.61
2003	5340	7887	2811	4.01
2004	5781	7998	2927	4.27
2005	5931	8805	3183	4.29
2006	6111	9673	3397	4.80
2007	6133	10023	3477	4.63
2008	6443	10183	3649	3.66
2009	6372	10075	3645	3.26
2010	6129	9812	3660	3.22

消費者支出構成=年間平均ドル

§3 FR

	基礎消費／日		A	γ_FR	C_0	最低賃金		
	フラン	kcal				W1	W2	W3
1976	5.01	4057	965	0.711	3339	7.07	5726	6544
1977	5.43	4056	1050	0.714	3671	7.66	5722	6978
1978	6.24	4056	1213	0.715	4256	8.85	5752	6792
1979	7.48	4060	1460	0.713	5087	10.38	5634	6296
1980	8.49	4057	1665	0.724	6032	12.16	5811	6528
1981	9.32	3927	1837	0.749	7318	14.66	6177	7045
1982	10.70	4037	2122	0.756	8696	17.28	6520	7181
1983	12.11	4137	2415	0.754	9817	19.46	6648	7396
1984	12.60	4029	2524	0.758	10429	20.59	6584	7534
1985	13.09	3989	2635	0.765	11212	21.97	6696	7937
1986	14.27	4220	2886	0.756	11827	22.95	6788	7865
1987	13.85	4005	2814	0.765	11974	23.21	6712	7973
1988	14.51	3992	2964	0.751	11903	23.06	6344	7835
1989	15.09	4015	3099	0.744	12105	23.28	6195	7813
1990	15.98	4085	3299	0.743	12836	24.64	6299	7800
1991	16.37	4053	3396	0.747	13422	25.82	6393	7908
1992	17.13	4089	3570	0.752	14395	27.48	6560	7952
1993	17.28	4029	3618	0.766	15461	29.36	6846	7942
1994	18.17	4115	3817	0.759	15838	29.96	6785	7888
1995	18.31	4075	3859	0.757	15880	29.87	6649	7915
1996	18.71	4053	3956	0.764	16762	31.19	6757	8172
1997	18.93	4054	4015	0.755	16387	30.53	6538	8119
1998	19.36	4125	4119	0.746	16216	30.03	6399	8403
1999	19.62	4137	4189	0.744	16363	30.05	6336	8481

A、C_0：億フラン

W1、W2：C_0より算出、W1=フラン、W2=kcal

W3：フランス政府最低賃金kcal

	ε	S_0	r_US_FR	X1	X2	γ_US/γ_FR
1976	0.375	16276	1.641	1.158	1.761	1.045
1977	0.358	18031	1.637	1.018	1.694	1.034
1978	0.307	18878	1.641	1.120	1.596	1.018
1979	0.292	20814	1.641	1.189	1.572	1.014
1980	0.253	22437	1.641	1.079	1.572	1.014
1981	0.213	24335	1.694	1.076	1.454	0.975
1982	0.196	27339	1.648	1.024	1.512	1.000
1983	0.187	29777	1.610	0.976	1.547	1.016
1984	0.174	32277	1.652	0.964	1.492	0.999
1985	0.180	35121	1.681	0.876	1.554	1.008
1986	0.195	38200	1.619	0.887	1.614	1.033
1987	0.184	40509	1.681	0.868	1.643	1.029
1988	0.185	43976	1.736	0.768	1.698	1.035
1989	0.186	47644	1.686	0.735	1.674	1.043
1990	0.178	49660	1.633	0.821	1.701	1.059
1991	0.178	51660	1.720	0.884	1.772	1.055
1992	0.160	52220	1.735	0.854	1.744	1.047
1993	0.141	51749	1.749	0.831	1.664	1.027
1994	0.152	53829	1.759	0.850	1.671	1.029
1995	0.153	55927	1.788	0.757	1.668	1.024
1996	0.142	56750	1.789	0.783	1.600	1.009
1997	0.137	58202	1.810	0.846	1.612	1.012
1998	0.151	61850	1.819	0.835	1.705	1.028
1999		54528	1.801	0.796	1.749	1.039

S_0 ：億フラン

X1=US最低賃金/FR最低賃金(kcal 政府版)

X2=US最低賃金/FR最低賃金(kcal C_0版)

図12-3　雇用者報酬とS₀の比較

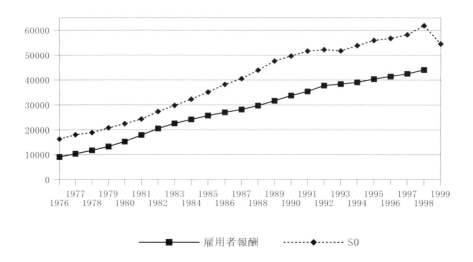

図12-4　絶対価値金利部の対US実物変換レート

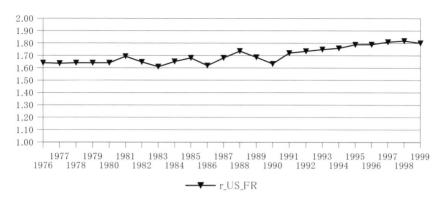

A) 1.60-1.80 の範囲の変化であることより、変動は安定的である。

図12-5　最低賃金政府版とC₀版の比較

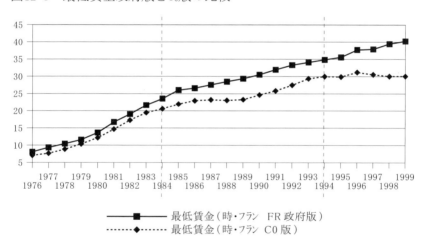

・フランスの最低賃金は、45度線右側に存在する（米国は遥か左）。
　故に、フランスの単純労働は絶対量を含む非正規の価値構造を
　持つ。特に、1984年以降が顕著である。
　故に、B)項の検証は、45度線上のC₀版最低賃金を使用するのが
　適当と思われる。

図12-5　対US最低賃金実物比と対USγ比の比較(対US)

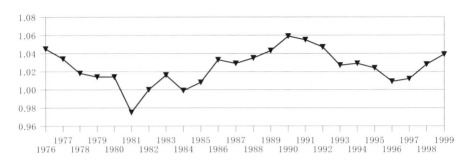

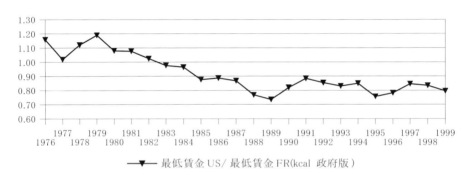

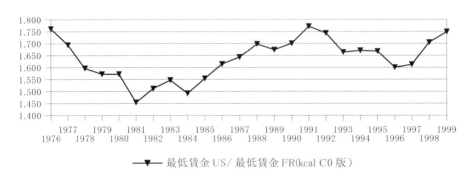

B) C_0より算出の最低賃金の実物比=kcal比とγ比の変化は連動している。
　政府版は逆行関係が観察される。

図12-6 対ドル為替レートと対US最低賃金実物比の比較（対US）

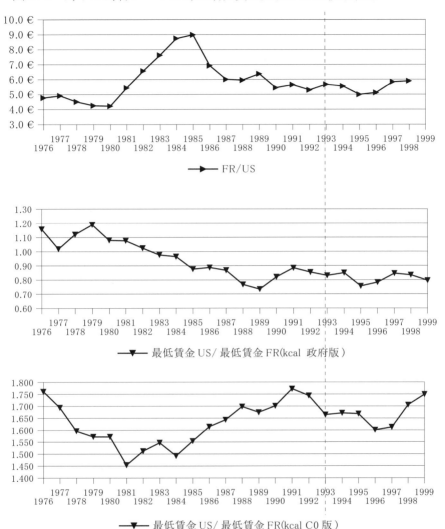

C）政府版：1993年以前 最低賃金実物比と為替レートは連動なし。
　　　　　1993年以後 最低賃金実物比と為替レートは連動あり。
　C_0版： 1993年以前 最低賃金実物比と為替レートは逆行。
　　　　　1993以後　最低賃金実物比と為替レートは連動あり。
1991年まで、フランスの通貨はドルに対する独自性が観察される。1991年以降は、「図11-5-3 CPI前年比とZ比の比較」を参照。

データ）インターネットアドレス＝2015年時点のもの
1ユーロ＝6.55957フラン
白パン小売価格　フランス国立統計経済研究所（www.insee.fr/）
　　　　価格(eu)1992-99(000442616)　指数1996-92(000008971)
　　　　1976-1991年：指数からの算出
GDP、総消費　フランス国立統計経済研究所（www.insee.fr/）
　　　　GDP(eu)(001625867)、総消費(eu)(001623314)
人口　フランス国立統計経済研究所（www.insee.fr/）
　　　　Population on January first(000067670)
労働力人口、最低賃金　第11章　§5参照
家計消費　　フランス国立統計経済研究所（www.insee.fr/）
　　　　食費(001690336)、住居(001690331)、光熱費(001690333)
　　　　1976-1979：1980年を流用
雇用者報酬、信用総額(S)、FR/ﾄﾞﾙ：第11章§5　参照

1998年算出例）

　S＝ 119114(億ﾌﾗﾝ)（第11章§5）

　1ユーロ＝6.55957フラン　　　　白パン　1kg＝2600kcal

　基礎消費1日分の食費＝2600kcal＝白パン1kg　とする。

　A、C_0 の算出：

　　　白パン1kg＝1.86ユーロ＝1.86*6.55957＝12.20フラン

　　　家計消費　食費＝14.163　　　住居＝1.010　　　光熱費＝7.299

　　　より、1日分基礎消費＝12.20*(14.163+1.010+7.299)/14.163

　　　　　　　　　　　　＝19.36フラン＝19.36/12.20*2600＝4125kcal

　A＝（1日分基礎消費*365）*総人口

　　＝（19.36*365）*（58298*1000）/100000000　＝　4119億ﾌﾗﾝ

　Y　＝　1321104(100万eu)＝1321104*6.55957/100＝86658億ﾌﾗﾝ

　C　＝　1047746(100万eu)＝　1047746*6.55957/100＝68727億ﾌﾗﾝ

　γ　＝　(C－A)/Y　＝　(68727－4119)/86658　＝　0.746

　C_0　＝　A/(1－γ)　＝　4119/(1－0.746)　＝　16216億ﾌﾗﾝ

　45度線　最低賃金(時給)＝C_0/労働力人口/(12*22*8)

　　　　　　　　　　＝16216*100000000/(25567*1000)/(12*22*8)

　　　　　　　　　　＝30.03ﾌﾗﾝ＝30.03/12.20*2600＝6399kcal

　フランス政府　最低賃金＝39.43ﾌﾗﾝ＝39.43/12.20*2600＝8403kcal

　　r_US_FR　＝　7504/4125　＝　1.819

　US最低賃金/FR最低賃金(kcal　政府版)＝　7014/8403　＝　0.835

　US最低賃金/FR最低賃金(kcal　C_0版)　＝　10909/6399　＝　1.705

　ε　＝　(Y－C)/S　＝　(86658－68727)/119114＝0.151

　S_0　＝　(C－C0)/(1－ε)＝(68727－16216)/(1－0.151)＝61850億フラン

　γ_US/γ_FR　＝　0.767/0.746　＝　1.028

	白パン小売価格			GDP	C	GDP	C
	B1	B2	B3	100万eu		億フラン	
1976	0.49	58.4	3.21	268914	205993	17639	13512
1977	0.53	64.0	3.48	303151	232444	19885	15247
1978	0.61	73.6	4.00	344045	264341	22567	17339
1979	0.73	87.9	4.79	392418	302225	25740	19824
1980	0.83	100.0	5.44	444706	347482	29170	22793
1981	0.94	113.0	6.17	501425	403545	32891	26470
1982	1.05	125.8	6.89	575686	467668	37762	30677
1983	1.16	139.2	7.61	639445	518735	41944	34026
1984	1.24	149.7	8.13	695042	565443	45591	37090
1985	1.30	156.3	8.53	744465	609987	48833	40012
1986	1.34	160.9	8.79	800920	649102	52536	42578
1987	1.37	165.3	8.99	841068	686484	55170	45030
1988	1.44	173.0	9.45	909152	727855	59636	47744
1989	1.49	179.3	9.77	979416	775794	64245	50888
1990	1.55	186.0	10.17	1032780	818007	67745	53657
1991	1.60	192.7	10.50	1071173	852003	70264	55887
1992	1.66	199.8	10.89	1107985	888182	72679	58260
1993	1.70		11.15	1119833	913385	73456	59914
1994	1.75		11.48	1157881	937336	75952	61485
1995	1.78		11.68	1196181	964261	78464	63251
1996	1.83		12.00	1226607	997849	80460	65454
1997	1.85		12.14	1264843	1015561	82968	66616
1998	1.86		12.20	1321104	1047746	86658	68727
1999	1.88		12.33	1367005	1080734	89669	70891

B1=kg・eu　　B2=指数（1980=100）　　B3=kg・フラン
1/100万eu ＝ 6.55957/100/100億フラン

	人口 （千人）	家計消費（10億ユーロ） 食費	住居	光熱費
1976	52798			
1977	53019			
1978	53271			
1979	53481			
1980	53731	11.025	0.480	5.702
1981	54028	11.351	0.488	5.302
1982	54335	11.577	0.541	5.860
1983	54649	11.461	0.524	6.256
1984	54894	11.922	0.496	6.060
1985	55157	12.013	0.500	5.921
1986	55411	12.229	0.567	7.063
1987	55681	12.534	0.568	6.204
1988	55966	12.877	0.614	6.285
1989	56269	13.201	0.655	6.536
1990	56577	13.375	0.711	6.927
1991	56840	13.366	0.707	6.770
1992	57110	13.538	0.702	7.056
1993	57369	13.719	0.713	6.829
1994	57565	13.795	0.734	7.303
1995	57752	13.923	0.789	7.119
1996	57935	13.894	0.812	6.959
1997	58116	13.963	0.876	6.939
1998	58298	14.163	1.010	7.299
1999	58496	14.262	1.167	7.271

§4 JP

	基礎消費（人・日）		r_US_JP	最低賃金kcal		W1	W2	X
	円	kcal		東京都	C₀版			
1976	675	2592	2.568	1190	1889	6.369	5.338	1.468
1977	755	2618	2.536	1196	1904	5.938	5.092	1.458
1978	806	2629	2.532	1190	1915	6.390	4.795	1.433
1979	814	2649	2.515	1243	2001	6.023	4.426	1.369
1980	855	2714	2.454	1285	2073	5.482	4.407	1.380
1981	883	2755	2.415	1317	2081	5.756	4.317	1.375
1982	925	2767	2.404	1322	2151	5.564	4.583	1.390
1983	961	2790	2.387	1312	2183	5.505	4.710	1.385
1984	1003	2822	2.359	1303	2183	5.575	4.500	1.384
1985	1031	2822	2.377	1305	2148	5.330	4.844	1.428
1986	1035	2823	2.420	1331	2141	5.243	5.118	1.441
1987	1036	2827	2.381	1356	2183	5.102	5.051	1.428
1988	1021	2823	2.455	1405	2145	4.281	5.022	1.418
1989	1050	2815	2.405	1408	2105	4.077	4.926	1.416
1990	1052	2802	2.381	1459	2091	4.389	5.125	1.421
1991	1067	2837	2.458	1529	2087	4.571	5.429	1.420
1992	1111	2891	2.454	1564	2168	4.342	5.277	1.390
1993	1157	2929	2.406	1569	2240	4.205	5.086	1.369
1994	1455	2989	2.421	1303	2217	5.143	5.113	1.390
1995	1216	3061	2.380	1636	2429	3.661	4.566	1.311
1996	1169	3108	2.333	1765	2541	3.627	4.254	1.276
1997	1135	3107	2.361	1859	2541	3.696	4.147	1.257
1998	1073	3055	2.456	1970	2614	3.560	4.173	1.229
1999	1095	3092	2.410	1971	2739	3.427	4.047	1.214
2000	1081	3130	2.378	2035	2782	3.024	4.080	1.220
2001	1046	3149	2.433	2132	2963	2.834	4.197	1.206
2002	1060	3163	2.431	2112	3079	2.803	4.259	1.205
2003	1107	3173	2.462	2029	3053	3.138	4.576	1.233
2004	1223	3162	2.377	1835	2924	3.413	4.666	1.265
2005	1058	3182	2.470	2147	3131	2.704	4.397	1.214
2006	1047	3195	2.554	2194	3149	2.434	4.406	1.205
2007	1013	3162	2.631	2307	3103	2.336	4.507	1.205
2008	1001	3150	2.596	2410	3216	2.266	4.554	1.200
2009	965	3132	2.617	2567	3534	2.397	4.478	1.168
2010	954	3190	2.606	2745	3545	2.247	4.524	1.175

W1=最低賃金US政府/最低賃金JP東京都（kcal）
W2=最低賃金US/最低賃金JP（kcal C₀版）、　　　X= γ_US/ γ_JP

図12-7　絶対価値金利部の対US実物変換レート（対US）

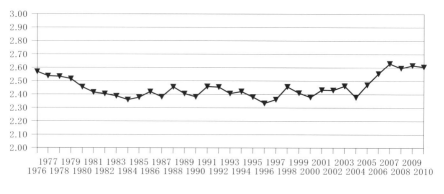

A) USとJP間 r_{AB} の安定性は明らか。

図12-8　最低賃金東京都版とC_0版の比較

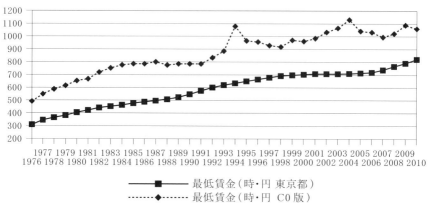

（1994、2004年：日本の米不作）

図12-9 対US最低賃金実物比と対USγ比の比較(対US)

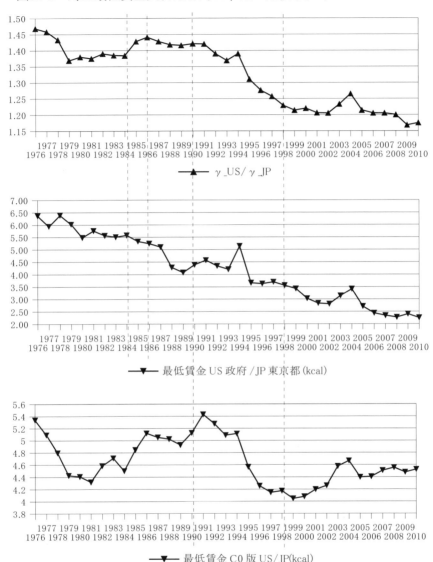

(1994、2004年：日本の米不作)
B)最低賃金政府版実物比とγ比：1984-85年を除いて概ね連動が
　　観察される。
　　最低賃金C0版実物比とγ比：1991、1998年前後を除いて概ね長
　期的に連動が観察される。
CPIとZ比については、「図11-6-4 CPI前年比とZ比の比較」を参照

図12-10 対ドル為替レートと対US最低賃金実物比の比較

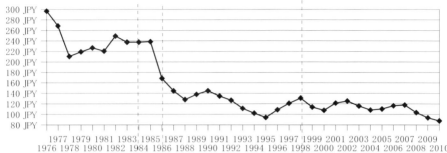

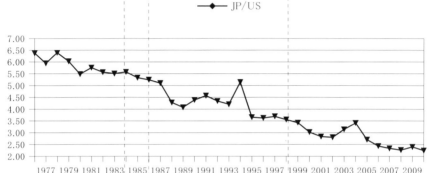

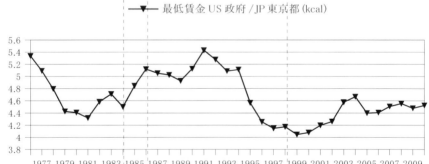

(1994、2004年：日本の米不作)
C) 為替レートと最低賃金政府版実物比：1984-86年を除いて、長期的に連動関係が確認される。
　為替レートと最低賃金C₀版実物比：1984-86年、1998年前後を除き、長期的に連動関係が確認される。

データ)
　白米小売価格、東京都最低賃金、人口：第5章参照
　基礎消費、C_0の最低賃金、γ_JP：第5章の結果を利用
1999年算出例)
　食料：2000kcal/日　　白米140g ＝ 200kcal とする。
　白米10kg=5059円　　　　　基礎消費=399661円/(人・年)
　基礎消費/日=399661/365=1095円
　　　　　　　　　　　　　=1095/5059*10000/140*200=3092kcal
　45度線 最低賃金(時給)=970円=970/5059*10000/140*200
　　　　　　　　　　　　　　　　=2739kcal
　東京都最低賃金(時給)=698円=698/5059*10000/140*200=1971kcal
　r_US_JP ＝ 7451/3092 ＝ 2.410
　US最低賃金/JP最低賃金(kcal 政府版)＝ 6755/1971 ＝ 3.427
　US最低賃金/JP最低賃金(kcal C_0版)＝ 11084/2739 ＝ 4.047
　γ_US/γ_JP ＝ 0.773/0.637 ＝ 1.214

参考文献

1) 総務省統計局 「日本の統計」
   2012、2010、2009、2008、2006、2004、2003、2002、2000、
   1997、1995、1992/93、平成元年、昭和62、昭和61、昭和58、
   昭和56、昭和55
2) 総務省統計局 「日本統計年鑑」
   2013、2010、2009、2007、2005、2003、2000、1998、1996
3) 総務省統計局 「家計調査年報」 2012<Ⅰ>、1999、1989
4) 日本銀行調査統計局 「日本銀行統計」 2012
5) 日本銀行調査統計局 「経済統計年報」 1997、1993、1991、1984
6) 日本銀行国際局 「日本を中心とする国際比較統計」
   2000、1995、1993、1992、昭和58
7) 日本銀行調査統計局 「外国経済統計年報」 1995、1991、1990
8) 平成19年工業統計表 産業編(概要版) 財団法人 経済産業調査会
9) B.R.Mitchell 「British Historical Statistics」2011
                                       Cambridge University Press
10) 「Historical Statistics Of The United States, 1789-1945」
                                       Bureau Of The Census
11) 山岡洋一訳 アダム・スミス「国富論 上、下」
                                  日本経済新聞出版社 2007
12) 久保恵美子訳　グレゴリー・クラーク
              「10万年の世界経済史 上、下」 日経BP社 2009
13) リチャード・A・ヴェルナー 「虚構の終焉」 PHP研究所 2003
14) 「マネーストック統計の解説 2008年6月」 日本銀行調査統計局
15) 東京銀行集会所訳
   C.B.チェローニ 「独逸インフレーションの解剖」　　　1938
16) 日本銀行調査局「レンテンマルクの奇跡」実業之日本社　1946
17) 日本銀行調査局「独逸インフレーションと財政金融政策」
                                  実業之日本社　1946
18) 石田和彦/白川浩道「マネーサプライと経済活動」
                                  東洋経済新報社 1996
19) 高木仁「アメリカの金融制度 改訂版」 東洋経済新報社 2006
20) 長澤惟恭訳 J.M.ケインズ「貨幣論Ⅱ」ケインズ全集6
                                  東洋経済新報社 1980
21) 山本淳一訳 フェルナン・ブローデル
   「物質文明・経済・資本主義15-18世紀Ⅱ 交換のはたらき 1,2」
                            みすず書房　1986、1988

超経験主義経済学（4版）

2016 年 8 月 30 日　初版　第一刷発行

著者	村田　浩之
発行者	谷村　勇輔
発行所	ブイツーソリューション
	〒466-0848 名古屋市昭和区長戸町 4-40
	電話　　052-799-7391
	ＦＡＸ　052-799-7984
発売元	星雲社
	〒112-0005 東京都文京区水道 1-3-30
	電話　　03-3868-3275
	ＦＡＸ　03-3868-6588
印刷所	藤原印刷

万一、落丁乱丁のある場合は送料当社負担でお取替えいたします。
小社宛にお送りください。
定価はカバーに表示してあります。

©Hiroyuki Murata 2016 Printed in Japan　ISBN 978-4-4-434-22317-4